Début d'une série de documents en couleur

ALPHONSE ALLAIS
(OEUVRES ANTHUMES)

Deux et deux font cinq

(2 + 2 = 5)

PARIS
PAUL OLLENDORFF, ÉDITEUR
28 *bis*, RUE DE RICHELIEU, 28 *bis*

1895

Tous droits réservés.

LIBRAIRIE PAUL OLLENDORFF
28 bis, Rue de Richelieu, Paris

DERNIÈRES NOUVEAUTÉS

Collection grand in-18 à 3 fr. 50 le volume.

Paul ADAM	La Parade amoureuse	1 vol.
Alphonse ALLAIS	Rose et Vert-Pomme	1 vol.
Baude DE MAURCELEY	Le Triomphe du Cœur	1 vol.
Robert de BONNIÈRES	Lord Hyland	1 vol.
Emile BERGERAT	La Vierge	1 vol.
BOYER D'AGEN	Terre de Lourdes	1 vol.
Charles BUET	Le Péché	1 vol.
Jean CAROL	Sœur Jeanne	1 vol.
Jules CASE	L'Etranger	1 vol.
Théodore CAHU	Amante et Mère	1 vol.
Marion CRAWFORD	Sant'Ilario	1 vol.
Paul CUNISSET	Etrange Fortune	1 vol.
Henri DESPLACES	Maladies d'âme	1 vol.
Jean DARCY	Le Voyage de la Princesse Louli	1 vol.
Pierre DENIS	Le Mémorial de St-Brelade	1 vol.
Maurice DONNAY	Education de Prince	1 vol.
Paul FÉVAL FILS	Les Jumeaux de Nevers	2 vol.
Paul FOUCHER	Réchain, avare	1 vol.
Paul GAULOT	Henriette Busseuil	1 vol.
Gustave GUICHES	Au Fil de la Vie	1 vol.
Abel HERMANT	Le Frisson de Paris	1 vol.
Maurice LEBLANC	Ceux qui souffrent	1 vol.
Raymond de LABORDE	Le marquis de Gojac	1 vol.
Fernand de LA MORANDIÈRE	Beaux serments	1 vol.
Pierre MAËL	Toujours à toi	1 vol.
Jeanne MAIRET	Némésis	1 vol.
René MAIZEROY	Journal d'une Rupture	1 vol.
Gabriel MOUREY	Passé le Détroit	1 vol.
Eugène MOUTON	Le Supplice de l'Opulence	1 vol.
Eugène MOREL	Artificielle	1 vol.
Georges OHNET	La Dame en Gris	1 vol.
Josephin PÉLADAN	Melusine	1 vol.
Georges de PEYREBRUNE	Les Aimées	1 vol.
Jean RAMEAU	L'Amant honoraire	1 vol.
Camille DE SAINTE-CROIX	Cent Contes secs	1 vol.
Marcel SCHWOB	Moll Flanders	1 vol.
Comtesse de TASCHER de la PAGERIE	Mon séjour aux Tuileries	3 vol.
Fernand VANDÉREM	Charlie	1 vol.
Maurice VAUCAIRE	L'Encrier de la Petite Vertu	1 vol.
Jane de la VAUDÈRE	Le Droit d'Aimer	1 vol.

Envoi franco du Catalogue complet de la Librairie Paul Ollendorff

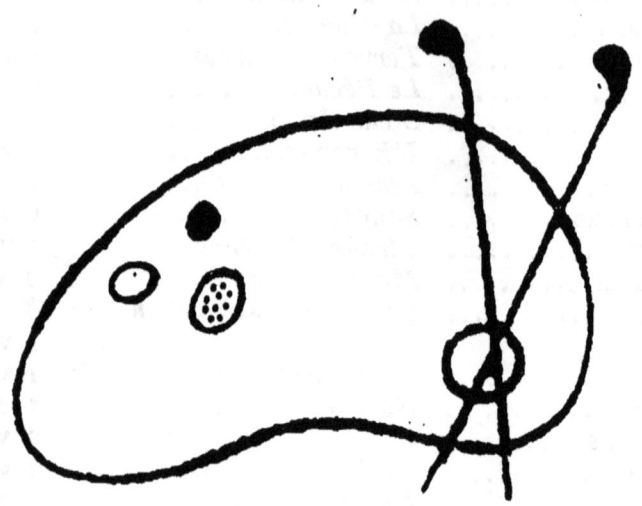

Fin d'une série de documents
en couleur

Deux et deux font cinq

(2 + 2 = 5)

DU MÊME AUTEUR

A SE TORDRE.................................... 1 vol.
LE PARAPLUIE DE L'ESCOUADE................. 1 vol.
ROSE ET VERT-POMME........................... 1 vol.

Tous droits de reproduction et de traduction réservés, pour tous les pays, y compris la Suède et la Norwège. — S'adresser, pour traiter à M. Paul Ollendorff, Éditeur, rue de Richelieu, 28 bis, Paris.

ALPHONSE ALLAIS

(OEUVRES ANTHUMES)

Deux et deux font cinq

(2 + 2 = 5)

PARIS
PAUL OLLENDORFF, ÉDITEUR
28 *bis*, RUE DE RICHELIEU, 28 *bis*

1895
Tous droits réservés.

A

ALFRED CAPUS

DEUX ET DEUX FONT CINQ
(2 + 2 = 5)

POLYTYPIE

Je le connus dans une vague brasserie du quartier Latin.

Il s'installa près de la table où je me trouvais, et commanda six tasses de café.

— Tiens, pensai-je, voilà un monsieur qui attend cinq personnes.

Erronée déduction, car ce fut lui seul qui dégusta les six *moka*, l'un après l'autre, bien entendu, car aurait-il pu les boire tous ensemble, ou même simultanément ?

S'apercevant de ma légère stupeur, il se tourna vers moi, et d'une voix nonchalante, qui laissait traîner les mots comme des savates, il me dit :

— Moi... je suis un type dans le genre de Balzac...
je bois énormément de café.

Un tel début n'était point fait pour me déplaire.
Je me rapprochai.

Il demanda *de quoi écrire*.

Les premières phrases qu'il écrivit, il en froissa
le papier et le déjeta sous la table.

Ainsi fut de pas mal de suivantes. Les brouillons
de lettres jonchaient le sol.

De la même voix nonchalante, il me dit :

— Moi... je suis un type dans le genre de Flaubert... je suis excessivement difficile pour mon style.

Et nous nous connûmes davantage.

Comme une confidence en vaut une autre, je lui
avouai que j'étais né à Honfleur. Une moue lui
vint :

— Moi... je suis un type dans le genre de Charlemagne... je n'aime pas beaucoup les Normands.

Le malentendu s'éclaircit, et je sus d'où il était :

— Moi... je suis un type dans le genre de Puvis
de Chavannes... je suis né à Lyon.

Son père, un boucher des Brotteaux, avait tenu à
ce qu'il débutât dans la partie :

— Moi... je suis un type dans le genre de Shakespeare... j'ai été garçon boucher.

De la bonne amie qu'il détenait, voici comment
j'appris le nom :

— Moi... je suis un type dans le genre de Napoléon Ier... ma femme s'appelle Joséphine.

La susdite le trompa avec un Anglais. Il n'en ressentit qu'une dérisoire angoisse.

— Moi... je suis un type dans le genre de Molière... je suis cocu.

Joséphine et lui, d'ailleurs, n'étaient point faits pour s'entendre. Joséphine avait la folie des jeunes hommes à peau très blanche. Et il ajoutait :

— Moi... je suis un type dans le genre de Taupin...

(Le reste de la phrase se perdit dans la rafale.)

Nous résolûmes, un jour, de déjeuner ensemble... Rendez-vous à midi précis, j'arrivai à midi et une minute.

Il tira froidement sa montre :

— Moi... je suis un type dans le genre de Louis XIV... j'ai failli attendre.

De la sérieuse ophthalmie qu'il avait eue, il se voyait presque guéri, et s'en félicitait de la sorte, variant sa formule, un peu :

— Moi... je ne voudrais pas être un type dans le genre d'Homère ou de Milton.

Et puis, tout à fait éteint en son cœur le souvenir de Joséphine, il en aima une autre.

Laquelle ne voulut rien savoir.

Alors, il la tua.

Et ce fut l'arrestation.

Pressé de questions par le juge d'instruction, il se contenta de répondre :

— Moi... je suis un type dans le genre d'Avinain... je n'avoue jamais.

Et ce fut la cour d'assises.

Là, il voulut bien parler.

— Moi... je suis un type dans le genre d'Antony... Elle me résistait, je l'ai assassinée !...

Le jury n'admit aucune circonstance atténuante. La mort !

Mal conseillé, Félix Faure ne sut point le gracier.

Pauvre gars ! Je le vois encore, Pierrot blême, les mains liées sur le dos, les pattes entravées, sa malheureuse chemise à grands coups de ciseaux échancrée.

Au tout petit jour, les portes de la Roquette s'ouvrirent.

Il m'aperçut dans l'assistance, se tourna vers moi, et d'une voix nonchalante qui laissait traîner les mots comme des savates, il me dit :

— Moi... je suis un type dans le genre de Jésus-Christ... je meurs à trente-trois ans.

ET DAUDET?

— Et Daudet? me demanda le capitaine Flambeur.
— Daudet? m'interloquai-je. Quel Daudet?
— Eh bien! Daudet, parbleu, l'auteur, Alphonse Daudet!
— A propos de quoi me parlez-vous de Daudet?
— Pour savoir s'il est un peu *recalé*.
— Recalé?... Daudet?...

Alors, subitement, une flambée de ressouvenance m'éclaira.

— Ah! oui, Daudet!... Eh bien! oui, il est tout à fait *recalé* maintenant!
— Tant mieux! Tant mieux! Pauvre gars!

Pour la clarté de ce récit, comme dit Georges Ohnet, il nous faut revenir de quelques années en arrière.

Le père Flambeur, un vieux capitaine au long cours de mon pays, le meilleur homme de la terre, extrêmement rigolo (ce qui ne gâte rien), débarqua un jour à Paris, pour voir l'Exposition de 1889.

(Le but de ce voyage m'évite la peine de vous indiquer la date.)

Tout de suite, il arriva au *Chat Noir* où je tenais mes grandes et petites assises et me promut son cicerone.

J'acceptai avec joie, le père Flambeur étant un joyeux et dépensier drille, moi pas très riche, à l'époque (et pas davantage, d'ailleurs, maintenant) (1).

Ce vieux loup de mer avait une manie étrange : connaître des grands hommes.

Je lui en servis autant qu'il voulut.

A vrai dire, ce n'étaient point des grands hommes absolument authentiques, mais les camarades se prêtaient de bonne grâce à cette innocente supercherie, qui n'était point sans leur rapporter des choucroutes garnies et des bocks bien tirés.

— Mon cher Zola, permettez-moi de vous présenter un de mes bons amis, le capitaine Flambeur.

— Enchanté, monsieur.

Ou bien :

— Tiens, Bourget ! Comment ça va ?... M. Paul Bourget... Le capitaine Flambeur.

— Très honoré, monsieur.

Émile Zola, autant que je puis me le rappeler, était représenté par mon ami Georges Moynet, avec lequel il a une vague analogie.

Quant à Bourget, son pâle sosie se trouvait être une manière de peintre hollandais dont j'ai oublié le

(1) Depuis que ces lignes furent écrites pour la première fois, un riche mariage a sensiblement amélioré ma situation.

nom et qui n'a pas dégrisé pendant les deux ou trois ans qu'il passa à Paris.

Et le reste à l'avenant.

Le malheur, c'est que le capitaine Flambeur avait meilleure mémoire que moi et me mettait parfois dans un cruel embarras.

— Tiens, s'écriai-t-il tout haut, voilà Pasteur qui entre !... Hé ! Pasteur, un vermout avec nous, hein !

Régulièrement, Pasteur acceptait le vermout, à condition que ce fût une absinthe.

Pardon, Zola ! Pardon, Bourget ! Pardon, Pasteur ! Et pardon tous les autres, littérateurs, poètes, peintres, savants, membres de l'Institut ou pas !

Un jour, au tout petit matin...

(Étions-nous déjà levés, ou si nous n'étions pas encore couchés ? Cruelle énigme !)

Un jour, au tout petit matin, nous passions place Clichy, sur laquelle se dresse la statue du général Moncey (et non pas Monselet, comme prononce à tort ma femme de ménage).

Le piédestal de cette statue est garni d'un banc circulaire en granit, sur lequel des vagabonds s'étalent volontiers pour reposer leurs pauvres membres las.

Un nécessiteux dormait là, accablé de fatigue.

Son chapeau avait roulé à terre, un ancien chapeau chic, de chez Barjeau, mais devenu tout un poème de poussière de crasse.

Et, au fond du chapeau, luisaient encore, un peu éteintes, deux initiales : A. D.

— Tenez, capitaine Flambeur, regardez bien ce bonhomme-là. Je vous dirai tout à l'heure qui c'est.
— Qui est-ce?
— Alphonse Daudet.
— Alphonse Daudet!... Celui qui a fait *Tartarin de Tarascon?*
— Lui-même!
— C'est vrai, pourtant. Voilà son chapeau avec ses initiales... Ah! le pauvre bougre!... Mais il ne gagne donc pas d'argent?
— Si, il gagne beaucoup d'argent, mais, malheureusement, c'est un homme qui *boit!*
— C'est égal, c'est bien triste de voir un homme de cette valeur-là dans cette purée!
— Ah! oui, bien triste! Mais, pour moi, un homme qui *boit* n'est pas un homme intéressant.
— Je ne vous dis pas, mais... si on le réveillait pour lui payer à déjeuner?
— Gardez-vous-en bien! Daudet est malheureux, mais très fier.

Alors, très discrètement, le bon papa Flambeur tira une pièce de cent sous de son porte-monnaie et l'inséra dans la poche de l'auteur de l'auteur des *Kamtchatka.*

J'avais oublié cette histoire : il a fallu, pour me la rappeler, que le capitaine Flambeur me demandât, l'autre jour :

— Et Daudet?

ANTIBUREAUCRATIE

Ma jument baie cerise était atteinte de coqueluche, et mon alezan hors de service à la suite de chagrins d'amour. Quant à mes robustes percherons, impossible de compter sur eux, totalement abrutis qu'ils sont par la lecture à haute voix, devant eux, de la chronique d'un penseur bien personnel et profond.

D'autre part, je me trouvais dénué des deux francs nécessaires à la mobilisation d'un fiacre !

Alors, quoi ?

Aller à pied, dites-vous ?

J'aurais bien voulu vous y voir...

C'était loin, où j'allais, très loin, dans un endroit situé à une portée de fusil environ et deux encâblures du tonnerre de Dieu ! je résolus donc de prendre l'omnibus.

Je grimpai sur l'impériale et versai quinze centimes ès-mains du conducteur.

Voilà donc une situation claire et nettement établie :

Je suis sur l'impériale, j'ai versé les quinze centimes de ma place. Je puis donc passer, la tête haute, devant l'Administration de la Compagnie des Omnibus. Bon.

Tout à coup, le temps changea et des gouttes d'eau se mirent à choir.

Or, j'avais mis, la veill', mon parapluie en gage.

(J'ai élidé l'e de *veille* pour que la phrase constituât un alexandrin joli et coquet.)

Je descendis dans l'intérieur du véhicule et remis ès-mains du conducteur un supplément, ou plutôt, pour employer le mot propre, un complément de quinze centimes.

Voici donc une nouvelle situation claire et nettement établie :

Je suis dans l'intérieur d'un omnibus, j'ai versé les trente centimes de ma place, je puis donc... (Voir la suite plus haut.)

L'omnibus s'arrêta : on était devant un bureau.

Une tête de brute avinée apparut, et cette tête clama sans urbanité :

— Voyageur descendu de l'impériale ?

C'est à moi, s'il vous plaît, que ce discours s'adressait.

Devant cette tête de brute, cette voix éraillée et ce ton goujateux, je résolus soudain de garder un silence de sépulcre.

— Voyageur descendu de l'impériale? rogomma de nouveau le bas fonctionnaire.

Même mutisme.

Alors la discourtoisie du contrôleur s'exhala en propos blasphématoires, où le saint nom de Notre-Seigneur se trouvait fâcheusement mêlé.

Ce sacrilège n'eut point le don de m'émouvoir.

— Mais, sacré mille tonnerres de bon D... de nom de D...! Il y a ici un voyageur descendu de l'impériale! Ous qu'il est?

— C'est monsieur, intervint le conducteur en me désignant.

— C'est vous qui êtes descendu de l'impériale?

— Hein? me décidai-je à faire.

— C'est vous qui êtes descendu de l'impériale?

— Qu'est-ce que ça peut bien vous f... à vous?

— Comment, qu'est-ce que ça peut bien me f...?

— Oui, que je sois descendu de l'impériale ou de la lune.

— C'est pour le contrôle.

— Le contrôle? Quel contrôle? Est-ce que je suis chargé de faire le contrôle de votre sale guimbarde?

Nouveaux blasphèmes véhéments du contrôleur.

— Pardon! m'écriai-je, de combien est la place que j'occupe en ce moment?

— De trente centimes.

— Conducteur, combien vous ai-je versé?

— Trente centimes.

— Eh bien ! alors, je ne vous dois rien, ni un sou, ni une explication. Si votre Compagnie tient tant que ça au contrôle, elle n'a qu'à mettre un contrôleur à l'impériale, un contrôleur à l'intérieur et un contrôleur sur les marches. Mais, sous aucun prétexte, je n'entends être mêlé à cette ridicule et odieuse bureaucratie.

— Enfin, voulez-vous, oui ou non, dire si c'est vous qui êtes descendu de l'impériale?

— M.... !

Je dois déclarer que tout le monde dans l'omnibus me donnait tort, cohue lâche et servile d'Européens, indignes de la liberté.

Seule, une petite jeune fille, qui tenait *le Journal* à la main, semblait plongée dans une joie profonde par toute cette scène. (Si ces lignes viennent à lui tomber sous les yeux, un petit mot d'elle me fera plaisir.)

— Et puis, repris-je d'un air furibard, voilà cinq minutes que vous me faites perdre; je me plaindrai au Conseil municipal. Je suis l'ami intime de M. Pierre Baudin.

Est-ce cette menace? Est-ce le désir légitime de mettre fin à cette pénible histoire? Ne sais, mais l'omnibus se décida à partir.

Mes covoyageurs me contemplaient avec des regards de basse-cour en courroux.

Ce fut surtout le lendemain que je m'amusai

beaucoup. Passant devant le bureau d'omnibus où s'était perpétré ce conflit, j'interpellai la brute avinée :

— J'ai beaucoup réfléchi depuis hier. J'aime mieux tout avouer.

— Hein ?

— Le voyageur descendu de l'impériale, eh bien ! c'était moi !

CORRESPONDANCE ET CORRESPONDANCES

Ma foi, tant pis ! On dira ce qu'on voudra, je l'imprime toute vive cette petite lettre, sûrement pas écrite par M. Jose-Maria de Heredia, mais si rigolo !

Et puis c'est toujours ça de moins à faire, n'est-ce pas ?

« Cher monsieur Alphonse Allais,

» Vous permettez, dites, que nous vous appelions *cher monsieur Alphonse Allais*, bien que nous n'ayons pas l'avantage de vous connaître ; mais nous vous gobons toutes beaucoup à l'atelier et ça excuse notre familiarité.

» Chaque matin, quand on ouvre *le Journal*, tout de suite on regarde s'il y a une *Vie drôle*, et quand il y en a une, ce n'est qu'un cri :

» — Quelle histoire à dormir debout va-t-il encore nous raconter aujourd'hui, cet imbécile-là ?

» Rassurez-vous, le mot *imbécile* est pris ici en

bonne part, un peu comme les petites mamans qui appellent leur bébé *horreur*.

» Votre histoire d'omnibus, surtout, nous a beaucoup gondolées (*sic*), car nous les connaissons, les omnibus, et surtout le personnel des omnibus, qui se venge bêtement sur les voyageurs et les pauvres petites voyageuses des tracasseries et de l'exploitation des grosses légumes capitalistes (1).

» Depuis le jour où votre article sur les omnibus a paru, nous n'avons plus qu'une idée : c'est d'affoler les contrôleurs, et nous y arrivons souvent.

» Témoin, hier :

» Nous avions passé la soirée à la fête de Montmartre. Des jeunes gens très gentils, mais que nous avons tout de même plaqués brusquement, nous avaient offert un saladier chez un troquet du boulevard Rochechouart.

» (Peut-être ne savez-vous pas ce que c'est qu'un saladier (2). On vous expliquera ça une autre fois.) Et ça nous avait mises en gaieté.

» Mais l'heure est l'heure, n'est-ce pas? et comme on n'a pas de landaus bouton d'or, nous grimpâmes sur le tramway *Place de l'Étoile-La Villette*, en demandant une correspondance.

» (En attendant qu'un riche Bolivien nous offre un petit hôtel rue Fortuny, nous demeurons chez nos parents, boulevard de Charonne.)

(1) Bravo, petites modistes, et vive la Révolution sociale!
(2) Ces jeunes filles me connaissent mal.

» Sur le trajet, mon amie Lucienne ne disait rien. Evidemment, elle ruminait quelque chose, mais je me demandais quoi.

» Je fus bientôt fixée.

» Nous descendîmes à La Villette, et je me disposais à me diriger vers le bureau de *La Villette-Place du Trône*, quand Lucienne m'arrêta.

» Avec un culot d'enfer, elle s'avança vers le contrôleur et lui demanda, en montrant nos deux correspondances :

» — Qu'est-ce que c'est que ces petits cartons-là ?

— Mais, mademoiselle, ce sont des correspondances.

» — Très bien !... Et ces correspondances nous donnent le droit de monter, sans rien payer, sur un omnibus qui correspond avec celui que nous quittons ?

» — Parfaitement !

» — Mais, dites-moi ! Ma correspondance n'est valable qu'à la condition qu'on ne quitte pas le bureau auquel on est descendu ?

» — Parfaitement !

» — Parfaitement, vous-même ! Nous n'allons pas quitter le bureau pour ne pas perdre notre correspondance. Nous allons attendre ici le tramway de la Place du Trône.

» — Mais il ne passe pas ici, mademoiselle. Il faut que vous alliez le prendre au bureau là-bas.

» — Non, non, nous ne voulons pas quitter le bureau où nous sommes descendues. Notre correspondance ne vaudrait plus rien. Et puis, nous n'avons pas pris le tramway pour faire le trajet à pied.

» (Il faut vous dire, au cas où vous l'ignoreriez, que le bureau de La Villette-Place du Trône est situé à plus de 100 mètres de celui de l'Etoile-La Villette auquel il correspond soi-disant.)

» Je vous fais grâce du reste du dialogue. Le malheureux contrôleur devenait fou furieux devant l'aplomb et la logique de Lucienne. Moi, j'étais malade de rire.

» A la fin, comme il fallait bien rentrer, nous prîmes notre tramway, après cette terrible menace :

» — Nous reviendrons demain avec un huissier, et si la voiture ne vient pas nous prendre ici même, nous la ferons marcher, votre sale Compagnie.

» Je ne sais pas si notre petite histoire va vous intéresser, mais, dans tous les cas, nous avons joliment rigolé, nous.

» Tâchez d'arranger ça, vous ferez plaisir à des petites jeunes filles de la rue de la Paix, qui font des chapeaux pour les belles dames et qui vous aiment bien sans vous connaître.

» Et puis, si vous étiez chic et qu'il n'y ait pas derrière vous une terrible madame Alphonse Allais, vous nous feriez signe et vous viendriez un de ces jours nous chercher pour déjeuner, en bons camarades, dans un petit endroit de la rue Saint-Honoré que nous connaissons et où on n'est pas trop mal.

» N'ayez crainte, on ne vous cramponnera pas, car il faut que nous soyons rentrées à une heure.

» N. B. — On n'est pas laides.

» A bientôt?

» LUCIENNE ET MOI. »

Eh bien ! c'est entendu, Lucienne et vous ! Dites-moi le jour et l'endroit. On déjeunera dans le fameux petit endroit, *en bons camarades*, comme vous dites, car mon cœur, mon pauvre cœur, est devenu la propriété exclusive et définitive d'une jeune princesse toute d'ambre clair, laquelle n'aimerait pas beaucoup, je crois, que je la trompasse déjà.

LE MYSTÈRE DE LA SAINTE-TRINITÉ

DEVANT LA JEUNESSE CONTEMPORAINE

Il y a deux ou trois jours, pas plus, j'ai rencontré mon jeune ami Pierre, dont j'eus l'heur de faire la connaissance à Nice, cet hiver.

Aux Champs-Elysées, mon jeune ami Pierre accompagnait, sans enthousiasme, le baby, sa sœur, qui jonchait, inerte, la copieuse poitrine de sa percheronne nounou.

Étendu sur deux chaises tangentes, Pierre affectait des attitudes plutôt asiatiques et ne semblait point s'amuser autrement.

Il m'aperçut, se décliqua, tel le ressort A. Boudin (*voyez ce ressort*) et vint vers moi, l'œil plein d'une rare désinvolture et, toute large ouverte, sa main loyale :

— Tiens, te v'là, toi !... j'suis pas fâché de te voir. Faudra venir nous dire bonjour... Tu sais que nous sommes revenus de Nice?

— Je m'en doute un peu, à ta seule rencontre.

— C'est vrai!... je suis bête... Viens nous dire bonjour... Maman te gobe beaucoup... Elle dit que rien que de voir ta bobine, ça la fait rigoler.

— Je remercierai Madame ta mère de la bonne opinion...

— Fais pas ça!... Tu seras bien avancé quand tu m'auras fait engueuler comme un pied!

— Et puis, je lui dirai aussi que tu te sers de la détestable expression *engueuler*, laquelle est l'apanage exclusif de gens de basse culture mondaine.

— Oh! la la! ousqu'est mon *monok!*... Et puis, tu sais, j' m'en fiche, tu peux lui dire tout ce que tu voudras, à maman. Quand elle est un peu fâchée, je n'ai qu'à lui passer mes bras autour du cou, je l'appelle *p'tite mère chérie*... je l'embrasse sur les yeux... Et elle ne me dit plus rien.

— Tu as de la chance d'avoir une mère comme ça.

— Eh ben! il ne manquerait plus que ça... C'est vrai, tout de même, j'ai pas trop à me plaindre... Elle est très chouette, maman!

— Dis donc, mon vieux Pierre!...

— Mon vieux Alphonse!...

— Surtout, ne va pas t'offusquer de ce que je te dirai.

— Marche toujours!

— Il me semble que tu ne me tutoyais pas à Nice?

— Ah! oui... tu ne sais pas?

— Non, je ne sais pas.

— Eh ben! mon vieux, maintenant je tutoie tout le monde!

— Tout le monde?

— Tout le monde!... Tiens, le pape arriverait, là, tout de suite, le pape lui-même, en bicyclette, et me demanderait de lui indiquer le boulevard Malesherbes, je lui dirais : « Prends la rue Royale, monte tout droit, et puis, au bout, à gauche, tu trouveras le boulevard Malesherbes. » Et, s'il n'était pas content, le Saint-Père, ça serait le même prix!

— A la suite de quelle évolution ce parti pris t'est-il venu?

— Une nuit que je ne pouvais pas dormir... J'avais pris du café chez des gens qu'on avait dîné... Maman s'était pas aperçu... Et moi, avec tout ça, j'pouvais pas m'endormir... Alors, je pensais à des tas de trucs... Tout d'un coup, je me suis dit que c'était idiot d'employer le pluriel quand on n'avait affaire qu'à un seul type... Tu comprends?

— A merveille.

— Vois-tu, comme c'est bête, quand on n'a qu'un bonhomme ou qu'une bonne femme devant soi, de lui dire : *Comment allez-vous ?* Comme s'ils étaient trente-quatre mille. Alors, je me suis juré, dans ce cas-là, de lui dire, au bonhomme, ou à la bonne femme : *Comment vas-tu ?* Ceux que ça épate, je leur dis : Vous vous croyez donc des tas?

— Bravo, mon vieux Pierre, tu te rapproches de la nature, et de la raison.

— Et puis, tu sais, on m'en fait pas démordre !... Ainsi, l'autre jour, en plein catéchisme, j'ai tutoyé le *ratichon*.

— Le...?

— Le *ratichon*... le curé, quoi ! Si t'avais vu sa bobine !...

— Tu vas donc au catéchisme ?

— Oh! m'en parler pas ! C'est assez rasoir !... Je comprends pas que des parents, qui se vantent d'être des gens sérieux, peuvent abrutir des pauv'gosses comme nous à toutes ces... Tiens, j'allais encore employer un mot de basse culture mondaine, comme tu dis.

— Ne te gêne pas avec moi.

— Ce matin, c'était le mystère de la Sainte-Trinité. Te souviens-tu du mystère de la Sainte-Trinité ?

— Brumeusement.

— C'est crevant !... Le Père, le Saint-Esprit, le Fils !... Le Père a engendré le Saint-Esprit en se contemplant lui-même... Toi, qui commences à être un vieux type, tu comprends pas grand'chose à ça, déjà ? Alors, quoi, nous, les mômes !... Et après, le Père a contemplé le Saint-Esprit, et ils ont engendré le Fils !... C'est dommage, dis donc, qu'on n'ait pas organisé des trains de plaisir pour assister à ça, hein ?... Ils sont trois et ils ne sont qu'un... Ils ne sont qu'un et ils sont trois !... Arrange ça... Moi, encore, je ne suis pas trop bête, j'en prends et j'en laisse ; mais, autour de moi, au catéchisme, il y a un tas de petites gourdes qui en deviennent *gaga*. Tiens, veux-tu que je te dise ?... Seulement, tu le répéteras pas à p'tite mère, qui coupe un peu dans ces godants-là?

— Tu parles dans l'oreille d'un sépulcre.
— Eh ben ! le mystère de la Sainte-Trinité...
— Dis.
— Ça manque de femmes !

LA VAPEUR

Il n'y a qu'à moi que ces veines arrivent.

J'ai rencontré, hier, Valentine, dans des conditions exceptionnellement avantageuses qu'on va pouvoir apprécier plus bas.

Valentine est une jeune personne de Montmartre qui se destine au théâtre.

Son physique est attrayant, ses manières sont accortes, son intelligence pétille, mais son impudicité est notoire dans tout le neuvième arrondissement et une partie du dix-huitième (sans préjudice, d'ailleurs, pour quelques autres quartiers de Paris).

— Que fais-tu par là? m'informai-je après l'avoir baisée sur le front.

— Devine?

— Je ne suis pas somnambule.

— Je sors de chez l'oncle.

(C'est ainsi que la jeune Valentine désigne familièrement le vigoureux cénobite de la rue de Douai.)

— Tu es restée longtemps chez cet esthète?
— Dans les une heure, une heure et demie.
— Mâtin !
— Ah! dame! il n'a plus vingt ans, le pauvr' bonhomme !
— Et il t'a fait répéter *le Songe* d'*Athalie* ?
— Non, ça n'est plus *le Songe* qui marche maintenant, c'est *les Imprécations de Camille*... Une idée à lui.

Et Valentine prit, en disant ces paroles, un air extraordinairement malin, dont je ne sus point percer le sens. Je feignis de comprendre.

Et elle ajouta :
— Ce qui m'embête le plus, c'est que je lui ai dit que je rentrais chez moi, rue Rochechouart. Alors, il m'a priée de remettre au *Petit Journal* sa chronique de demain.
— Montre.
— Ah! non, par exemple! Tu lui ferais encore des blagues, et il m'attraperait, lors de mes débuts, à la Comédie-Française.
— Poseuse, va!

Toutefois, à la suite d'habiles manœuvres, cinq minutes après ce dialogue, je détenais le manuscrit de M. Francisque Sarcey et j'en copiais le passage suivant, qu'on a pu lire, le même jour, et dans mon journal, et dans le *Petit Journal*.

M. Marinoni manifesta un vif mécontentement, mais j'ai autre chose à faire dans la vie que de me préoccuper des allégresses ou des déboires de M. Marinoni.

Et puis si M. Marinoni n'est pas content, il sait où me trouver.

LA VAPEUR

. . . .

« Ah! c'est bien vrai, mes amis, il n'y a encore que les voyages pour apprendre quelque chose! Si on restait chez soi, tous les jours, du matin au soir, je vous demande un petit peu ce qu'on saurait de la vie.

» On n'en saurait rien du tout. Voilà ce qu'on en saurait.

» Ainsi, voilà la vapeur. Tout le monde parle de la vapeur : la vapeur par-ci, la vapeur par-là.

» Mais qui de nous sait exactement ce que c'est que la vapeur?

» J'en excepte, bien entendu, les personnes qui s'occupent spécialement de cette question, ingénieurs, mécaniciens, etc.

» Moi, il y a huit jours, j'étais comme tout le monde : je parlais de la vapeur, mais j'aurais été pendu s'il m'avait fallu dire en quoi consistait ce phénomène.

» La semaine dernière, je suis allé, au Havre, assister à la réouverture du Grand-Théâtre.

» Ah! mes amis, vous n'avez pas idée de ce que je suis populaire au Havre.

» C'est que le Havre est une ville de bon sens qui ne se laisse pas emballer par les idées nouvelles, ou soi-disant nouvelles.

» Au Havre, c'est moi qui vous le dis, le symbole ne ferait pas un sou.

» Ibsen et Wagner sont appréciés à leur juste place, et on leur préfère une bonne représentation du *Verre d'eau* ou de la *Favorite*.

» Mais, me voilà parti sur le théâtre, alors que je m'étais proposé d'aborder dans cette causerie la question de la vapeur.

» Quelques Havrais, dont un fort aimable, ma foi, M. Jules Heuzey, m'ont mené voir un transatlantique.

» Les transatlantiques sont ces énormes bâtiments qui font le trajet, chaque semaine, entre le Havre et New-York. C'est même de là que leur vient leur nom de transatlantiques (des mots latins : *trans*, au delà, et *atlanticum*, atlantique).

» J'ai pris un vif plaisir à visiter *la Touraine*, le plus bel échantillon de la Compagnie.

» A Paris, on ne saurait s'imaginer tout le confortable et tout le luxe que l'on peut entasser dans ces *maisons flottantes*. (Le mot est de M. Jules Heuzey et il est fort juste.)

. . . .

» Mais c'est surtout la machine, ou plutôt les machines, dont je fus émerveillé.

» Quelle puissance, mes chers amis, et quelle régularité !

» Comment ne point admirer ces monstres de force qui se laissent mener avec la docilité du mouton et l'exactitude du chronomètre?

» Nous étions guidés dans ces merveilleux labyrinthes par le chef-mécanicien lui-même, M. François (François est seulement son prénom, mais son nom est un nom alsacien extrêmement difficile à retenir). M. François nous expliqua avec une bonne grâce, une lucidité d'esprit et un rare bonheur d'expressions, ce que c'est que la vapeur.

» Avez-vous vu bouillir de l'eau?

» Il s'en échappe une sorte de buée qui se dissipe dans l'air. Eh bien! cette buée-là, c'est la vapeur.

» Répandue dans l'air libre, elle n'a aucune force.

» Mais si vous la contraignez à passer dans un espace restreint, oh! alors, elle acquiert une excessive puissance d'extension, et elle met tout en œuvre pour s'échapper de ce milieu confiné.

» C'est cette propriété que les ingénieurs utilisent pour faire marcher leurs machines.

» Et, à ce propos, une remarque assez intéressante.

» Les Anglais dénomment leurs mécaniciens *engineers*, mot qui, à la prononciation, ressemble à notre mot *ingénieur*.

» *Ingénieur* dérive évidemment du mot latin *ingenium*, qui signifie *génie*. C'est d'autant plus vrai que le *génie* est le mot qui sert à désigner la profession des ingénieurs.

» *Engineer* vient de *engine*, machine, la traduction de notre mot *engin*.

» Il serait assez piquant de déterminer le degré de cousinage linguistique entre *ingénieur* et *engineer*.

» Jules Lemaître a peut-être son idée là-dessus.

» Mais me voilà loin de la vapeur.

» J'y reviens.

» Les machines à vapeur consistent en de l'eau qu'on fait chauffer dans de gros tubes sur un bon feu de charbon de terre.

» La buée de cette eau est amenée dans une sorte de cylindre où se meut un piston.

» Elle pousse ce piston jusqu'au bout du cylindre.

» Alors, à ce moment, grâce à un mécanisme extrêmement ingénieux, la vapeur passe de l'autre côté du piston qu'elle repousse à l'autre bout du cylindre.

» Et ainsi de suite.

» Il résulte de ce va-et-vient du piston un mouvement alternatif qu'on transforme, par d'habiles stratagèmes, en mouvements rotatoires de roues ou d'hélices.

» Tout cela est très simple, comme vous voyez, mais il fallait le trouver.

» L'éternelle histoire de la brouette qui fut inventée par Descartes (*sic*).

. . . .

» Francisque Sarcey. »

2.

L'espace restreint, comme dit notre oncle, dont je dispose, me force à n'insérer point l'éloquente à la fois et bonhomme péroraison de cette chronique.

Je le regrette surtout pour vous, pauvres lecteurs!

L'ACIDE CARBONIQUE

C'était un vendredi soir, le dernier jour que je passais en Amérique, peu d'heures avant de m'embarquer, car la *Touraine* partait dans la nuit, à trois heures.

A une table voisine de celle où je dînais, dînaient aussi deux dames, ou plutôt, comme je l'appris par la suite, deux jeunes filles, dont une vieille.

Ou même, pour être plus précis, une miss et une demoiselle.

La miss était Américaine, jeune et très gentille. La demoiselle était Française, entre deux âges, et plutôt vilaine.

La miss avait, entre autres charmes, deux grands yeux noirs très à la rigolade. La demoiselle s'agrémentait de deux drôles de petits yeux tout ronds, de véritables yeux d'outarde (Bornibus).

Toutes deux parlaient français, la demoiselle très correctement (parbleu! c'est une institutrice) ; la miss avec un accent et des tournures de phrases d'un comique ahurissant.

Je prêtai l'oreille.....

(Je prête assez volontiers l'oreille, fâcheuse habitude, car, un de ces jours, on ne me la rendra pas, et je serai bien avancé!)

O joie! Ces deux dames parlaient de la *Touraine* en termes qui ne laissaient aucun doute... J'allais les avoir comme compagnes de route.

Toute une semaine à voir, plusieurs fois par jour, les grands yeux noirs très à la rigolade de la petite miss!

Tout de suite, j'espérai qu'on enverrait la vieille outarde au lit, de bonne heure, alors que, très tard, la petite miss et moi nous dirions des bêtises dans les coins.

Cependant, se poursuivait la conversation des deux dames.

L'outarde était d'avis qu'on allât tout de suite après dîner au paquebot et qu'on se couchât bien tranquillement.

Miss Minnie (car enfin, voilà deux heures que je vous parle de cette jeune fille sans vous la présenter), miss Minnie disait d'un air résolu :

— Oh! pas tout de suite, coucher! Allons faire *une petite tour* avant embarquer!

— On ne dit pas *une petite tour*, mais on dit *un petit tour*.

— Pourtant on dit *la tour* Eiffel.

— Ce n'est pas la même chose. Dans le sens de monument, *tour* est du féminin ; dans le sens de promenade, ce mot est masculin.

Les questions de philologie m'ont toujours passionné, et je crois détenir, en cette partie, quelques records.

— Pardon, mademoiselle, intervins-je, la règle que vous venez de formuler n'est pas sans exception. *Tour*, dans le sens du voyage, n'est pas toujours masculin.

Les yeux ronds de l'outarde s'arrondirent encore, interloqués.

— Il est masculin pour tous les pays, sauf le Cantal, le Puy-de-Dôme et la Haute-Loire.

Du coup, ces dames eurent un léger frisson de terreur. J'étais, sans nul doute, un fou, peut-être furieux, si on le contrariait.

— Parfaitement! insistai-je. Ainsi, l'on dit *le* tour de France, *le* tour du monde, mais on dit *la* tour d'Auvergne.

Ma compatriote s'effondra de stupeur, mais j'eus la joie de voir que Minnie, en bonne petite humouriste yankee, s'esclaffait très haut de mon *funny joke*.

Alors, nous voilà devenus des camarades.

On fit *un petit tour* dans quelques *roof-concerts*, on but des consommations exorbitantes et, finalement, on s'échoua, près du port, dans une espèce de café français, où une clientèle assez mêlée tirait une tombola au profit d'un *artiste*.

Minnie gagna douze bouteilles de champagne, qu'elle n'hésita pas à faire aussitôt diriger sur sa cabine.

Pas plutôt à bord, elle tint à constater la valeur de son breuvage. Vous me croirez si vous voulez, il était exquis et de grande marque.

(Rien ne m'ôtera de l'idée qu'il ne fût le fruit d'un larcin.)

Comme toutes les Américaines, Minnie adore le champagne, mais pas tant que son institutrice.

La vieille outarde se chargea, à elle seule, de faire un sort aux trois quarts de la bouteille.

Minnie était indignée. Elle me prit à l'écart.

— Est-ce qu'elle va boire toute ma champagne, cette vieux chameau! Tâchez à lui faire une bonne blague pour qu'elle est dégoûtée de cette liquide.

— Si je réussis, miss, que me donnerez-vous?

— Je vous embrasserai.

— Quand?

— Le soir, sur le pont, quand le monde sont en allés coucher.

— Et vous m'embrasserez... bien?

— Le mieux que je *pouverai!*

— Mazette! espérai-je.

Dès le lendemain matin, devant l'institutrice, j'amenai la conversation sur le champagne.

— C'est bon, c'est même très bon; mais il y a certains tempéraments auxquels l'usage du champagne peut être nuisible et même mortel.

— Ah ! vraiment ? fit la vieille fille.

— Mais oui. Ainsi, vous, mademoiselle, vous devriez vous méfier du champagne. Ça vous jouera un mauvais tour, un jour ou l'autre.

— Allons donc !

— Vous verrez... C'est de ça qu'est morte madame Beecher-Stowe.

J'avais mon plan. Une vieille plaisanterie, faite jadis à Chincholle au cours d'un voyage présidentiel, me revenait en mémoire.

Le docteur Marion, dont je n'hésite pas à mêler le nom à cette plaisanterie du plus mauvais goût, me fournit une petite quantité d'acide tartrique et de bicarbonate de soude.

A sec, ces deux corps ne réagissent point l'un sur l'autre. Dissous, ils se décomposent : l'acide tartrique se jette sur la soude avec une brutalité sans exemple, chassant ce pauvre bougre d'acide carbonique qui se retire avec une vive effervescence, à l'instar de ces maris trompés qui claquent les portes pour faire voir qu'ils ne sont pas contents.

C'est ce mécontentement bien naturel de l'acide carbonique que les fabricants d'eau de seltz utilisent pour produire leurs eaux gazeuses.

Où plaçai-je ces deux poudres ?

Ici, il me faudrait employer l'ingénieux stratagème auquel eut recours naguère George Auriol pour éviter les mots shocking.

Malheureusement, je n'ai pas, comme ce jeune

maître, un joli bout de crayon attaché à ma lyre. La seule ressource me reste donc de la périphrase.

Je plaçai mes produits chimiques au fond d'un vase d'ordre tout intime à l'usage coutumier de la vieille outarde, et j'attendis.

Le lendemain, je m'amusai beaucoup au récit du docteur.

Dès le matin, elle l'avait fait mander, et, folle de terreur, lui avait raconté son étrange indisposition.

— Ça moussait ! ça moussait ! Et ça faisait *pschi*, *pschi*, *pschi*, *pschi*.

— N'auriez-vous pas bu des boissons gazeuses, hier ? demanda-t-il.

— Si, du champagne.

— C'est bien cela. Vous ne pouvez pas digérer l'acide carbonique. Ne buvez plus ni champagne, ni soda, ni rien de gazeux.

Minnie trouva la farce à son goût. Elle me récompensa en m'embrassant le mieux qu'elle put. Et quand les Américaines vous embrassent du mieux qu'elles peuvent, je vous prie de croire qu'on ne s'embête pas.

Et encore j'emploie le mot *embrasser* pour rester dans la limite des strictes convenances.

THE PERFECT DRINK

Bien que l'heure ne fût pas, à vrai dire, encore très avancée, une soif énorme étreignait les gorges du Captain Cap et de moi (triste conséquence, sans doute, des débauches de la veille.)

D'un commun accord, nous eûmes vite défourché notre tandem, cependant que notre regard explorait l'horizon.

Précisément, un grand café très chic, ou d'aspect tel, se présenta.

Malgré l'apparence fâcheusement heuropéenne (l'*h* est aspiré) de l'endroit, tout de même nous voulûmes bien boire là.

— Envoyez-moi le stewart ! commanda Cap.

— A votre disposition, monsieur ! s'inclina le gérant.

— Donnez-nous deux grands verres.

— Voilà, monsieur.

— Je vous dis *deux grands verres*, et non point

deux dés à coudre. Donnez-nous deux grands verres.

— Voilà, monsieur.

— Enfin !... Du sucre, maintenant.

— Voilà, monsieur.

— Non, pas de ces burlesques morceaux de sucre... Du sucre en grain.

— Voilà, monsieur.

— Pas, non plus, de ce sucre de la Havane qui empoisonne le tabac.

— Mais, monsieur...

— J'exige du sucre en grain des Barbades. C'est le seul qui convienne au breuvage que je vais accomplir.

— Nous n'en avons pas d'autre que celui-là.

— Triste ! Profondément triste ! Enfin...

Et Cap jeta au fond de nos verres quelques cuillerées de sucre qu'il arrosa d'un peu d'eau.

— Et maintenant, deux citrons !

— Voilà, monsieur.

Cap jeta un regard de profond mépris sur les citrons apportés.

— Deux autres citrons !

— Voilà, monsieur.

Ici, Cap entra dans une réelle fureur :

— Je vous demande deux *autres* citrons !... Entendez-vous ? Deux *autres* citrons ! Deux *autres !* Non point *two more*, mais bien *two other !* Des citrons *autres !* Vous me f...-là des limons de Sicile !

alors que je rêve uniquement de citrons provenant de l'île de Rhodes... Avez-vous des citrons provenant de l'île de Rhodes?

— Pas pour le moment.

— Ah! c'est gai! Enfin...

Et Cap exprima dans nos verres le jus des limons de Sicile.

— Du gin, maintenant! Quel gin avez-vous?

— Du *Anchor gin* et du *Old Tom gin*.

— Du vrai *Anchor?*

— Du vrai.

— Du vrai *Old Tom?*

— Du vrai.

— Et du *Young Charley gin?* Est-ce que vous en avez?

— Je ne connais pas...

— Alors, vous ne connaissez rien. Enfin...

Et Cap, à chacun, nous versa une copieuse (ah! que copieuse!) rasade de *Old Tom gin*.

— Remuons! ajouta-t-il.

A l'aide d'une longue cuiller, nous agitâmes ce début de mélange.

— De la glace, maintenant!

— Voilà, monsieur.

— De la glace, ça!

— Mais parfaitement, monsieur!

— D'où vient cette glace?

— De l'usine d'Auteuil, monsieur!

— L'usine d'Auteuil? Elle est peut-être admirablement outillée pour fournir de l'eau bouillante à la population parisienne, mais elle n'a jamais su le premier mot du frigorifisme. Vous pouvez aller lui dire de ma part...

— Mais, monsieur !

— D'ailleurs, je ne connais qu'une glace vraiment digne de ce nom : celle qu'on ramasse l'hiver dans la Barbotte !

— Ah !

— Oui, la Barbotte ! La Barbotte est une petite rivière qui se jette dans le Richelieu, lequel Richelieu se jette dans le Saint-Laurent... Et savez-vous le nom de la petite ville qui se trouve au confluent du Richelieu et du Saint-Laurent ?

— Ma foi, monsieur...

— Ah ! vous n'êtes pas calés en géographie, vous autres Européens ! La petite ville qui se trouve au confluent du Richelieu et du Saint-Laurent s'appelle Sorel... Et surtout, n'allez pas confondre Sorel en Canada avec la très jolie et très séduisante Cécile Sorel ou avec Albert Sorel, l'éminent et très aimable nouvel académicien ! Jurez-moi de ne pas confondre !

— Volontiers, monsieur !

— Alors, donnez-moi votre sale glace de l'usine d'Auteuil.

— Voilà, monsieur !

Et Cap mit en nos breuvages quelques factices ice-bergs.

— Vous n'avez plus, désormais, qu'à nous apporter

deux bouteilles de soda... Quel soda détenez-vous, ici?

— Mais... le meilleur ! Du *schweppes !*

— Ah ! Seigneur ! Eloignez de moi ce calice ! Du *schweppes !*... Certainement, le *schweppes* n'est pas une marque dérisoire de soda, mais auprès de celui que fabrique mon vieux *old fellow* Moonman de Fall-River, le *schweppes-soda* n'est qu'un fangeux, saumâtre et miasmatique breuvage !... Enfin... Donnez-nous tout de même du *schweppes !*

— ....Dit mon père, hugolâtrai-je.

C'était fait ! Nous n'avions plus qu'à lamper notre *drink*, largement, comme font les hommes libres, forts, rythmiques et qui ont la dalle en pente...

... Quand le gérant eut l'à jamais regrettable idée de nous apporter des chalumeaux.

La combativité de Cap n'en demandait pas davantage.

— Ça, des pailles ! fit-il avec explosion.

— Mais, monsieur...

— Non, ça, ça n'est pas des pailles ! C'est de la paille, et de la paille périmée, sortant de dessous — saura-t-on jamais ? — quelles innomables vaches ! Je n'ai point accoutumé à boire en des étables. En allons-nous, mon ami, en allons-nous !

Cap jeta sur le marbre de la table une suffisante pièce de cent sous, et nous partîmes vers le prochain mastroquet, où nous nous délectâmes à la joie d'une chopine de vin blanc, un peu de gomme et un demi-siphon !

CONTE DE NOËL

Ce matin-là, il n'y eut qu'un cri dans tout le Paradis :

— Le bon Dieu est mal luné aujourd'hui. Malheur à celui qui contrarierait ses desseins !

L'impression générale était juste : le Créateur n'était pas à prendre avec des pincettes.

A l'archange qui vint se mettre à sa disposition pour le service de la journée, Il répondit sèchement :

— Zut ! fichez-moi la paix !

Puis, Il passa nerveusement Sa main dans Sa barbe blanche, s'affaissa — plutôt qu'il ne s'assit — sur Son trône d'or, frappa la nue d'un pied rageur et s'écria :

— Ah ! j'en ai assez de tous ces humains ridicules et de leur sempiternel Noël, et de leurs sales gosses avec leurs sales godillots dans la cheminée. Cette année, ils auront... la peau !

Il fallait que le Père Eternel fût fort en colère pour employer cette triviale expression, Lui d'ordinaire si bien élevé.

— Envoyez-moi le bonhomme Noël, tout de suite! ajouta-t-Il.

Et comme personne ne bougeait :

— Eh bien! vous autres, ajouta Dieu, qu'est-ce que vous attendez? Vous, Paddy, vieux poivrot, allez me quérir le bonhomme Noël!

(Celui que le Tout-Puissant appelle familièrement *Paddy* n'est autre que saint Patrick, le patron des Irlandais.)

Et l'on entendit à la cantonade :

— Allo! Santa Claus! Come along, old chappie!

Le bon Dieu redoubla de fureur :

— Ce pochard de Paddy se croit encore à Dublin, sans doute! Il ne doit cependant pas ignorer que j'ai interdit l'usage de la langue anglaise dans tout le séjour des Bienheureux!

Le bonhomme Noël se présenta :

— Ah! te voilà, toi!

— Mais oui, Seigneur!

— Eh bien! tu me feras le plaisir, cette nuit, de ne pas bouger du ciel...

— Cette nuit, Seigneur? Mais Notre-Seigneur n'y pense pas!... C'est cette nuit... Noël!

— Précisément! précisément! fit Dieu en imitant, à s'y méprendre, l'accent de Raoul Ponchon.

— Et moi qui ai fait toutes mes petites provisions!...

— Le royaume des Cieux est assez riche pour n'être point à la merci même de ses plus vieux clients. Et puis... pour ce que ça nous rapporte!

— Le fait est!

— Ces gens-là n'ont même pas la reconnaissance du polichinelle... Je fais un pari qu'il y aura plus de monde, cette nuit, au *Chat Noir* qu'à Notre-Dame-de Lorette. Veux-tu parier?

— Mon Dieu, vous ne m'en voudrez pas, mais parier avec vous, la Source de tous les Tuyaux, serait faire métier de dupe.

— Tu as raison, sourit le Seigneur.

— Alors, c'est sérieux? insista le bonhomme Noël.

— Tout ce qu'il y a de plus sérieux. Tu feras porter tes provisions de joujoux aux enfants des Limbes. En voilà qui sont autrement intéressants que les fils des Hommes. Pauvres gosses!

Un visible mécontentement se peignait sur la physionomie des anges, des saints et autres habitants du céleste séjour.

Dieu s'en aperçut.

— Ah! on se permet de ronchonner! Eh bien! mon petit père Noël, je vais corser mon programme! Tu vas descendre sur terre cette nuit, et non seulement tu ne leur ficheras rien dans leurs ripatons, mais encore tu leur barboteras lesdits ripatons, et je me gaudis d'avance au spectacle de tous ces imbéciles contemplant demain matin leurs âtres veufs de chaussures.

— Mais... les pauvres?... Les pauvres aussi? Il me faudra enlever les pauvres petits souliers des pauvres petits pauvres?

— Ah! ne pleurniche pas, toi! *Les pauvres petits pauvres!* Ah! ils sont chouettes, les pauvres petits pauvres! Voulez-vous savoir mon avis sur les victimes de l'Humanité Terrestre? Eh bien! ils me dégoûtent encore plus que les riches!... Quoi! voilà des milliers et des milliers de robustes prolétaires qui, depuis des siècles, se laissent exploiter docilement par une minorité de fripouilles féodales, capitalistes ou pioupioutesques! Et c'est à moi qu'ils s'en prennent de leurs détresses! Je vais vous le dire franchement: Si j'avais été le petit Henry, ce n'est pas au café Terminus que j'aurais jeté ma bombe, mais chez un mastroquet du faubourg Antoine!

Dans un coin, saint Louis et sainte Elisabeth de Hongrie se regardaient, atterrés de ces propos:

— Et penser, remarqua saint Louis, qu'il n'y a pas deux mille ans, Il disait: *Obéissez aux Rois de la terre!* Où allons-nous, grand Dieu! où allons-nous? Le voilà qui tourne à l'anarchie!

Le Grand Architecte de l'Univers avait parlé d'un ton si sec que le bonhomme Noël se le tint pour dit.

Dans la nuit qui suivit, il visita toutes les cheminées du globe et recueillit soigneusement les petites chaussures qui les garnissaient.

Vous pensez bien qu'il ne songea même pas à remonter au ciel cette vertigineuse collection. Il la céda, pour une petite somme destinée à grossir le denier de Saint-Pierre, à des messieurs fort aimables, et voilà comment a pu s'ouvrir, hier, à des prix qui défient toute concurrence, 739, rue du Temple, la splendide maison :

AU BONHOMME NOEL

Spécialité de chaussures d'occasion en tous genres pour bébés, garçonnets et fillettes.

Nous engageons vivement nos lecteurs à visiter ces vastes magasins, dont les intelligents directeurs, MM. Meyer et Lévy, ont su faire une des attractions de Paris.

DÉBUT DE M. FOC DANS LA PRESSE
QUOTIDIENNE

Je reçois d'un jeune homme qui signe « Foc » et qui — si mes pronostics sont exacts — doit être l'un des patrons de la célèbre maison Lou, Foc et Cie, une sorte de petit conte fort instructif et pas plus bête que les histoires à dormir debout qui relèvent de ma coutumière industrie.

Alors, moi malin, que fais-je? Je publie le petit conte du jeune Foc et, pendant ce temps-là, je vais fumer une cigarette sur le balcon.

La parole est à vous, jeune homme :

UN REMÈDE ANODIN

I

Hercule Cassoulade, voyez-vous, c'était un mâle. Il avait deux mètres dix environ, du sommet du crâne à la plante des pieds, et ses tripes étaient les plus vastes du monde. Il disait en parlant du Pont-Neuf :

— Il est gentil, mais il a l'air bien délicat.

D'une gaieté charmante, avec cela, et si bon enfant que la vue seule d'un malade suffisait à le faire rire.

Or, un jour, chose incroyable, cet homme de bronze prit froid et se mit à tousser, cependant qu'on entendait doucement retentir dans ses larges narines poilues les motifs principaux des *Murmures de la Forêt,* de Wagner, arrangés pour coryza seul.

Comme une femme, comme un veau, comme un simple mortel, Cassoulade était enrhumé !

II

Il montra quelque impatience, cria :

— Ça commence à m'embêter ; je suis bon type, mais je n'aime pas qu'on se foute de moi !

Même, ayant publié ce manifeste, il gifla sans exception tous ceux qui avaient l'air de rigoler, se prit aux cheveux avec son chapeau et, rapide, s'en alla par les grouillantes rues.

Examinant les portes, farouche, le géant marchait... Enfin, vers le soir, il put lire au-dessous d'une sonnette ces mots gravés dans le plus rare porphyre :

Docteur médecin
3 h. à 6 h.

Après avoir lacéré des paillassons, enfoncé des portes, étranglé de vagues huissiers, il pénétra comme un obus dans le cabinet d'un prince de la science.

III

Le prince était un vieux petit monsieur pâle et grêle et de qui les traits arborèrent à l'entrée tumultueuse d'Hercule l'expression polie mais réservée de l'antilope des Cordillères quand les hasards de la promenade la mettent subitement en présence de la panthère noire du Bengale.

Il tenta même de s'enfuir ; mais Cassoulade le rattrapa d'une main et, de l'autre, tint le crachoir, à peu près dans le sens que voici :

— Je suis un mâle ; il me faut un remède sérieux, un remède comme pour cinq chevaux ! D'ailleurs, c'est bien simple : si vos médicaments ne me font pas d'effet, je vous casse la gueule.

A cet ultimatum très net, Cassoulade crut devoir ajouter la suivante proclamation :

— Je suis bon type, mais je ne veux pas qu'on se foute de moi !

Le docteur, après avoir ausculté son terrible client, fit entendre ces humbles mots :

— Allez à Arcachon et baladez-vous sous les

sapins. La senteur balsamique des sapins est tout ce qu'il y a de meilleur pour l'affection dont vous souffrez.

Il dit, et faisant un bond, se barricada dans sa chambre, sans réclamer ses honoraires.

IV

— Aller à Arcachon, réfléchit Hercule, quand il fut dehors, ça me coûtera très cher, et puis il me faudra changer de café, ce qui est toujours malsain... Mais, j'y pense, s'écria-t-il plaisamment en imitant le rire bête d'Archimède, il y a des sapins à Paris — pourquoi ne pas en profiter?

Et il s'en fut sur la place du Théâtre-Français, sapinière redoutable, bois sacré tout le jour retentissant de cris d'écrasés et d'un horrible mélange de songe d'Athalie et d'imprécations de *Camille*.

Tranquillement, loin de tout refuge, il se coucha sur la chaussée, et pendant une heure, d'innombrables fiacres se livrèrent sur son ventre au noble jeu des Montagnes russes.

— Mais je ne me sens pas mieux! cria bientôt Cassoulade, que la colère commençait à gagner; les sapins ne me font rien du tout, c'est un remède de fillette!

Prophète, il dit encore :

— Ça finira mal pour le docteur : je suis bon type, mais je n'aime pas qu'on se foute de moi!

Et il se retournait, afin de gifler, sans exception, toutes les personnes qui auraient pu avoir l'air de rigoler, quand l'omnibus des Batignolles survint et l'aplatit de telle sorte qu'il n'y eut plus qu'à réunir dans une bière les morceaux épars du colosse, et à mettre le tout dans la terre glaise, à Ménilmontant (*bis*).

. . . .

V

.... Hercule Cassoulade patienta quelques jours, mais quand il vit que, décidément, l'odeur résineuse du sapin ne guérissait pas son rhume, il se fâcha assez sérieusement.

— Mais je ne me sens pas mieux, hurla-t-il, le sapin ne me fait rien du tout, c'est un remède de...

L'indignation l'étouffait. Il brisa le cercueil, brisa la pierre et se rendit chez son médecin.

Ce qui se passa dans cette interview, nul ne pourra jamais le dire.

Tout ce qu'il est permis d'affirmer, c'est qu'on ne trouva plus désormais aucunes traces de l'illustre savant, ni dans ses bottines, ni, chose plus extraordinaire encore, dans le Botin!

Hercule Cassoulade vécut jusqu'à l'âge de cent trente ans. Parfois, dans un cercle de voisins respectueux, il aimait à conter l'anecdote :

— Parfaitement... il m'avait ordonné un remède de fillette, à moi! un mâle! un homme de bronze!... C'était une cure de je ne sais plus quoi... de pin... de sapin... Enfin, un remède de gosse. Ça n'a rien fait.

Avec l'accent froid et terrible du Destin, il ajoutait :

— Le charlatan me l'a payé. Je suis bon type, mais je n'aime pas qu'on se foute de moi!

Et d'un regard sévère, il fixait tous ses auditeurs, y compris les femmes et les enfants, prêt à gifler, sans exception, tous ceux qui eussent pu, par hasard, avoir l'air de rigoler.

Foc.

Et voilà!

Merci, petit Foc, vous êtes bien gentil, et votre histoire est très drôle.

Je vous en laisse toute la gloire, mais vous me permettrez bien que j'en touche le montant, froidement.

Et puis, envoyez-moi votre nom et votre adresse. Vous me ferez plaisir (*sans blague*).

PHILOLOGIE

Mon jeune et intelligent directeur me remet, ou plutôt me fait remettre par un de ses grooms — car nous sommes en froid depuis quelque temps (histoire de femmes) — la lettre suivante que je publie presque intégralement, non pas tant pour l'intérêt qu'elle comporte que pour la petite peine qu'elle m'évite d'imaginer et d'écrire une vague futilité analogue ou autre.

Tout ce qui touche à la langue française, d'ailleurs, ne me saurait demeurer indifférent. Mes lecteurs, mes bons petits lecteurs chéris, le savent bien, car pas un jour ne se passe sans que je sois consulté sur quelque philologique embarras, ou invité à consacrer de ma haute sanction telle nouvelle formule.

D'autres se montreraient orgueilleux d'une semblable renommée ; moi, je n'en suis pas plus fier !

Une lettre très gentille, entre autres, reçue dernièrement, me disait en substance :

« Un syndicat d'idolâtres de votre incomparable talent et de votre parfaite tenue dans la vie me charge de vous aviser qu'il a définitivement adopté, comme courtoise formule épistolaire, le *inoxydablement* que vous venez de lancer avec votre indiscutable autorité.

» Mais croyez-vous point, cher Monsieur, que l'orthographe en serait pas mieux ainsi : *inoccidablement*, témoignant que les sentiments qu'on nourrit pour son correspondant sont altérables par rien du tout, même le trépas ? »

Nous sommes d'accord, Syndicat d'idolâtres, nous sommes d'accord.

Et puis, voici la lettre annoncée plus haut :

« *A Monsieur Fernand Xau, Directeur du journal* le Journal, *106, rue de Richelieu.*

» Monsieur,

» Depuis plus de deux ans que, chaque matin, je lis le *Journal*, j'admire... etc., etc.

(*Ici quelques mots aimables pour plusieurs collaborateurs non dénués, en effet, de talent.*)

»... Mais ce que je prise par-dessus tout, ce sont les chroniques si fines, si ingénieuses, si larges, si substantielles de ce remarquable vieillard (*sic*) qui signe Alphonse Allais.

» Je n'ai pas l'honneur de le connaître, je n'ai même jamais vu sa photographie, mais le respect que j'éprouve pour son noble caractère et pour la façon si docte, si magistrale, si définitive avec laquelle il dénoue le nœud gordien des plus grosses difficultés de la langue française, m'ont amené à lui demander, par votre intermédiaire, son avis sur une question qui nous passionne, quelques amis et moi.

» M. Allais a su conquérir, dans les milieux universitaires, une vive autorité pour la lueur qu'il jeta jadis sur le genre du mot *tac*, masculin ou féminin selon le cas (*l'attaque du moulin, le tic-tac du moulin, la tactique Dumoulin*).

» Il s'agit aujourd'hui des différentes orthographes du mot *sang*, qui ondoient suivant la qualité, la couleur, la température, etc., etc.

» Quand, par exemple, vous parlez, dans le *Journal*, de ce jeune esthète que vous appelez, je crois, Sarcisque Francey ou Sancisque Frarcey (ou un nom dans ce genre-là), vous dites : « Ce petit jeune homme détient le record du bon *sens*. »

» Mais dès qu'il est question du chasseur Mirman, vous écrivez : « Le député de Reims se fait beaucoup de mauvais *sang*. »

» Donc, *s, e, n, s*, quand c'est bon ; *s, a, n, g*, quand c'est mauvais.

» De même, l'orthographe de ce mot varie avec la couleur :

» Quoique le sang soit habituellement rouge, vous écrivez « *faire semblant* » *s, e, m*, et « *sambleu!* » *s, a, m*.

». Expliquez cela, s. v. p. !

» Ce n'est pas tout :

» Pourquoi écrivez-vous : « *M. Barthou perdit son sang-froid* » s, a, n, g, et « *Don Quichotte perdit son Sancho* » s, a, n?

» Je m'arrête, monsieur le directeur, car, à insister dans cette voie, on se ferait tourner les sangs.

» Peut-être M. Alphonse Allais trouvera-t-il que je n'ai pas le sens commun?

» Dans cette espérance, veuillez, monsieur le directeur, etc., etc.

» Votre bien dévoué,

» Jean des Rognures. »

La question est, en effet, étrangement complexe ; je la transmets à mon conseil d'études (section des lettres).

Et je me rappelle l'amusante boutade de mon pauvre vieil ami Hippolyte Briollet :

On dit « Francfort-sur-le-Mein » et « avoir le cœur sur la main ». Comment voulez-vous que les étrangers s'y reconnaissent ?

Moi aussi, je me demande comment les étrangers peuvent s'y reconnaître.

FRAGMENT
DE LETTRE DE M. FRANC-NOHAIN

TENDANT A DÉMONTRER
QU'ON NE S'EMBÊTE PAS PLUS EN PROVINCE QU'A PARIS

Beaucoup de Parisiens, et pas mal de Parisiennes, éprouvent une vive tendance à s'imaginer que le bout du monde consiste en Neuilly l'hiver et en Trouville l'été.

Il y a là un gros malentendu contre lequel tous les bons esprits devraient s'appliquer à réagir.

Les départements français, ô gens de Paris, existent ailleurs que dans les géographies. Ils sont peuplés d'habitants en tout semblables à vous, d'habitants qui participent à la vie de la France et qui contribuent, par leurs efforts, par leurs arts, par leur fortune, à la prospérité et à la grandeur de notre cher pays.

Mais je n'insiste pas. Ça me ficherait en colère,

comme dit Sarcey, et, malade comme je suis, la moindre émotion peut me tuer.

Je préfère découper, dans une lettre que je viens de recevoir, le passage suivant. Lisez-le attentivement, Mesdames et Messieurs, et vous vous rendrez bien compte que Paris ne détient pas le record des suprêmes rigolades :

. . . .

« Je parierais, mon cher Allais, que vous, si Parisien, vous ne connnaissez pas un petit jeu ravissant qui passionne, depuis cet hiver, notre société élégante de Saint-Jean-d'Angély. C'est la jolie madame Marouillet qui nous l'a appris, cette madame Marouillet dont je vous parlai tant de fois, la femme du docteur Marouillet, le distingué président de l'*Académie morale et technique d'Aunis et Saintonge.*

» Vous savez qu'il y a thé chez les Marouillet tous les vendredis : une habitude de Paris qui s'est merveilleusement implantée dans notre province ; nous sommes là un petit clan de fonctionnaires qui ne demandons qu'à nous amuser, et qui y réussissons parfaitement, je vous assure, depuis que les Marouillet ont donné l'élan ; tout blasé que vous êtes, je doute fort que vous ne prissiez plaisir à une partie de bête hombrée avec mademoiselle Charras, que nous appelons, par analogie, la « Superbe », et avec madame madame Legrice-Morand ; et si vous entendiez cette dernière chanter : « *Salut ! petite maison verte!* » la nouvelle romance du commandant Thomeret, vous comprendriez vite le peu de regrets que nous éprouvons pour vos divettes.

» Mais ce qui vous ravirait plus encore, ou je vous connais mal, c'est le petit jeu de madame Marouillet.

» Tout le monde s'assied en cercle, coude à coude ; chacun tient l'index droit levé ; la main gauche est à demi-fermée, le bout du pouce effleurant l'extrémité du médium, de façon à former comme un petit puits, l'orifice en l'air. Celui qui dirige le jeu commande : *Chacun son trou!* ou *Trou commun!* ou *Trou du voisin!* et aussitôt chaque joueur abat l'index au milieu du cercle quand on a commandé trou commun, ou l'insinue dans le petit puits que le voisin forme de sa main gauche, ou dans son propre petit puits. Vous ne sauriez imaginer rien de plus distrayant, pour peu qu'on mette de l'entrain et de la vivacité dans les commandements ; et je vous garantis que quand c'est madame Marouillet qui commande, ou encore le petit d'Angoulins, pour pouvoir les suivre, et, au milieu de l'entre-croisement des mains, ne pas s'embrouiller dans les différents trous, il faut une attention et une dextérité pas banales.

» D'ailleurs, quand on se trompe, c'est peut-être encore plus amusant, car alors ce sont des contestations sans fin et drôles au possible :

» — Trou commun, monsieur Burisson ; vous

faites trou du voisin, un gage ! — Pas du tout, chacun son trou ! — Non, trou commun ! — Trou du voisin ! — Troun de l'air ! ajoute toujours M. Burisson, qui a le génie de l'à-propos et du calembour. Ce M. Burisson est impayable; entre nous, je le soupçonne souvent de se tromper exprès et d'être légèrement *fumiste*, comme vous dites sur le boulevard ; ce qui est certain, c'est qu'il nous fera mourir.

. . . .

» Trou commun, mon cher Allais, et mille choses autour.

» FRANC-NOHAIN. »

Franc-Nohain n'est pas le vrai nom du signataire de cette lettre.

Trésorier général dans un des plus fertiles départements de notre chère France sud-occidentale, ce sympathique fonctionnaire se double d'un poète amorphe d'une rare envergure.

Son petit volume, qui vient de paraître : *Inattentions et sollicitudes*, est dans toutes les mains.

UN EXCELLENT HOMME DISTRAIT

Dans l'hôtel, fort confortable d'ailleurs, où je vis depuis plus d'un mois, s'épanouit — si j'en excepte une rare pincée de braves gens très gentils — toute une potée de muffs ineffables et de bourgeois sans bornes.

Oh! ces têtes! Oh! ces conversations! Leur idéal d'art se satisfait aux tableaux du fécal Bonnat et de Bouguereau, spécialiste en baudruches rosâtres.

Leur soif de justice sociale s'étanche aux idées (!) de Deschanel ou de Leroy-Beaulieu, si tant est qu'ils connaissent seulement de nom ces veules sociologues comiques à force d'inconscience.

Et dévots, avec ça! Dévots d'un cagotisme à faire vomir Huysmans!

Ah! les salauds! Et la veine qu'ils ont qu'*on* ne soit pas méchant!

— Vous me croirez si vous voulez, disait ce matin une abominable vieille chipie à son voisin de table, mais à Paris, dans les quartiers ouvriers, il n'est pas rare de trouver des écailles d'huîtres dans les tas d'ordures (*sic*) !

Et le voisin de table, un hobereau fatigué par toutes sortes de débauches occultes, se refusait à accepter une telle monstruosité :

— Des huîtres ! râlait-il. Des huîtres ! Et ces gens-là se plaignent !

Pauvre petite douzaine de portugaises à douze sous, pensiez-vous jamais indigner tant le monde orléaniste, clérical et bien pensant de la côte d'azur !

Une rare pincée de braves gens très gentils, ai-je dit en commençant.

Heureusement !

Et, parmi eux, un ménage, un vieux ménage composé, comme cela arrive souvent, dans les vieux ménages, d'une vieille dame et d'un vieux monsieur.

La vieille dame, toute de bonne grâce et de malice spirituelle ; le vieux monsieur, comme flottant sans trêve en quelque nuage de candeur effarée.

La dame ressemble à toutes les vieilles grand'mères.

Le monsieur rappelle le portrait de Darwin, de ce grand Darwin dont un curé de notre hôtel disait, l'autre jour :

— C'est encore comme cet ignoble *Darwin*, etc. !

Et rien de touchant comme la continuelle attention dont lady Darwin (car c'est ainsi que nous la baptisâmes) entoure son vieux naturaliste.

Lui, le bonhomme, il est toujours *sorti*, et, quand on l'interpelle directement, il met un petit temps à descendre de sa chimère. Hein ?... quoi ?... qu'est-ce qu'il y a ?...

Selon les circonstances, il s'effare des normes les plus admises, pour, la minute d'après, demeurer tout quiet devant le moins prévu des cataclysmes.

Dernièrement, sa femme, au moment du déjeuner, lui mit dans son verre un bouquet de violettes. Le bonhomme, sans se déconcerter pour si peu, jugea seulement que *ça n'était pas bien commode pour boire*.

Comme sa femme insistait sur le symbole :

— Tu ne me demandes pas à cause de quoi ces fleurs ?

— A cause de quoi ?

— Eh bien !... notre trentième anniversaire !

— Quel anniversaire ?

— De notre mariage, parbleu !

— Ah ! vraiment ! Ah ! vraiment ! C'est très curieux.

Et, devant nos sourires sympathiques, la dame nous mit au courant de la nature de son mari.

Le meilleur homme de la création, mais aussi le plus distrait.

— Imaginez-vous, conta-t-elle en souriant, que le

jour de notre mariage, il fit répéter six fois à M. le maire la question classique : *Consentez-vous à prendre pour épouse, etc. ?* A la fin, il s'écria : « Oh! je vous demande pardon, monsieur le maire, je pensais à autre chose ! »

Au cours de la nuit de noces, il pria sa femme d'allumer la bougie.

— Pourquoi ? demandait la jeune femme.

— Je ne peux pas me souvenir de votre physionomie.

A part ça, d'une exquise bonté, d'une tendresse folle. Une âme pétrie de concorde et d'harmonie.

La vieille dame concluait en riant :

— C'est à ce point, que je n'ai jamais essayé de faire des œufs brouillés à la maison !

— ?????

— D'un mot, il les aurait réconciliés.

CONTROLE DE L'ÉTAT

L'accueil que me réservait le Captain Cap fut totalement dénué, comment dirai-je? d'expansion. (Attribuez ce fait à un récent malentendu.)

Mais l'âme de Cap est une grande âme, et Cap, sur ma mine déconfite, sur mon visible chagrin, ne crut pas devoir maintenir la basse température de son accueil.

Au contraire même, et soudain, je le vis bondir sur la plate-forme de la cordialité.

— Qu'est-ce que vous prenez, Allais?

— Je me disposais à vous le demander, Captain.

— Moi, un verre d'eau rougie.

— Et moi, de l'eau sucrée avec de la fleur d'oranger.

— Ne prenez pas trop de fleur d'oranger; elle est très forte dans cette maison... Méfiez-vous!

Et Cap, au bout d'un court silence :

— Vous souvient-il, mon cher Alphonse, d'une

conversation que nous eûmes naguère, relativement à des œufs ?

— Parfaitement !... Des œufs de harengs saurs, n'est-ce pas, que Casimir Périer s'amusait à faire couver par des autruches empaillées ?

— Non, pas ceux-là. Je veux parler des œufs de poules.

— Des œufs de poules ?

— Oui, des œufs de poules. Vous ouvrez d'énormes prunelles... Ignorez-vous donc que la poule soit ovipare ?

— Non, Cap. Tout jeune, je fus initié à ce détail.

— Vous souvenez-vous pas qu'un jour j'admirais devant vous... (admirer au sens latin du mot : *mirari, s'étonner*) j'admirais que les marchands d'œufs fussent assez idiots pour ne pas vendre très cher, et tout de suite, leurs œufs frais, au lieu d'attendre — ainsi qu'ils font — que ces mêmes œufs aient perdu de leur fraîcheur en même temps et de leur valeur ?

— Je me souviens, Cap.

— C'est heureux... Savez-vous, avec ce système-là, ce qui est arrivé à un de mes amis ?

— Je brûle de l'apprendre.

— Mon ami entre, hier soir, chez un fruitier. Il demande un œuf très frais, *tout ce qu'il y a de plus frais*, pour gober avant de se coucher.

— Excellente coutume.

— Mon ami rentre chez lui... D'un coup sec de

son couteau, il brise la coquille de l'œuf, et de cette coquille surgit brusquement un petit poussin. Furieux d'être dérangé à pareille heure, le jeune gallinacé saute aux yeux de mon ami et les lui crève tous les deux.

— Voilà un événement bien particulier!

— Particulière ou pas, une telle aventure ne devrait jamais se produire dans un gouvernement issu du suffrage universel.

— Mais quel remède?...

— Il est trouvé! Un de mes amis...

— Celui qui a eu les yeux crevés?

— Non, un autre... un aviculteur turc des environs de Valence, dont voici la carte: *Baldek-Hatzar, au Vélau (Drôme)*, a résolu la question. Oh! mon Dieu, c'est bien simple!

— Parlez sans crainte, Cap.

— Voici : le gouvernement s'arrogera le monopole des œufs comme il a déjà celui du tabac et des allumettes. Chaque poule exerçant son industrie sur le territoire de la République française sera munie, à son orifice postérieur, d'un appareil enregistreur, compteur et dateur. Cet appareil, très simple, en somme, se compose d'un mouvement d'horlogerie donnant les dates et les heures, d'un rouleau encreur et d'un timbre dateur. Le tout pèse 68 gr. et 99 centig.

— Merveilleux, Cap, merveilleux!

— Alors, plus de duperie, plus de fraude, plus

de poussins inattendus!... Des expériences ont été faites qui réussirent à souhait. Mon ami, le Turc Baldek-Hatzar, a écrit au ministre de l'agriculture et au ministre des finances. Ces messieurs n'ont pas encore daigné répondre. Ah! elle est chouette, votre Europe!

— A qui le dites-vous?...

Et Cap commanda deux tasses de tilleul, que nous sablâmes gaiement avant de nous séparer.

UN HONNÊTE HOMME

DANS TOUTE LA FORCE DU MOT

Je vais raconter les faits simplement ; la moralité s'en dégagera d'elle-même.

C'était pas plus tard qu'hier (je ne suis pas, moi, comme mon vieil ami Odon G. de M. dont les plus récentes anecdotes remontent à la fin du treizième siècle).

C'était pas plus tard qu'hier.

J'avais passé toute la journée au polygone de Fontainebleau où j'assistais aux expériences du nouveau canon de siège en osier, beaucoup plus léger que celui employé jusqu'à présent en bronze ou en acier et tout aussi *profitable*, comme dirait mon vieux camarade le général Poilu de Sainte-Bellone.

(Ajoutons incidemment que j'ai rencontré dans les rues de Fontainebleau mon jeune ami Max Lebaudy, très gentil en tringlot et prenant gaiement son parti de sa nouvelle position. Il voulait me retenir à dîner, mais impossible, préalablement engagé que j'étais au mess de MM. les canonniers de l'École. Ce sera pour une autre fois.)

Après avoir absorbé, en gaie compagnie, quelques verres de l'excellente bière des barons de Tucher, j'envahis le train qui, partant à 10 h. 5 de Fontainebleau, devait me déposer à Paris à 11 h. 24.

(Je précise, pour faire plaisir à M. Dopffer.)

Dans le compartiment où m'amena le destin se trouvaient, déjà installés, un monsieur et un petit garçon.

Le monsieur n'avait rien d'extraordinaire, le petit garçon non plus (un tic de famille, probablement).

Malgré ma haute situation dans la presse quotidienne, je consentis tout de même à engager la conversation avec ces êtres dénués d'intérêt.

Le monsieur, et aussi le petit garçon son fils, arrivaient de Valence d'où ils étaient partis à cinq heures du matin, et c'est bien long, disait le monsieur de Valence, toute une journée passée en chemin de fer.

— Pourquoi, dis-je, n'avez-vous pas pris l'express, puisque vous voyagez en première ?

— Ah ! voilà !

Je dus me contenter de cette sommaire explication. D'ailleurs, la chose m'était bien équivalente.

Le monsieur me demanda ce qu'on disait à Paris des nouveaux scandales.

Je fis ce que je fais toujours en pareil cas (c'est idiot, mais rien ne me réjouit tant !).

Je lui fournis une quantité énorme de tuyaux, la plupart contraires à la stricte vérité et même à la simple raison, d'autres rigoureusement exacts, d'autres enfin légèrement panachés.

Je lui appris l'arrestation imminente de MM. Théodore de Wyzewa et Anatole France, très compromis dans cette regrettable affaire de bidons qui cause un réel chagrin aux vrais amis de la Presse.

Le *great event* de la saison, c'était la réouverture du théâtre du Chat-Noir. La petite salle de la rue Victor-Massé, ajoutai-je dans un style de couriériste théâtral, ne désemplit pas, et c'est justice, car on y trouve accouplés la rigolade énorme et le frisson du Grand Art (si tu n'es pas content, mon vieux Gentilhomme-Cabaretier !)

L'homme de Valence (la belle Valence !) m'écoutait ravi, mais un peu préoccupé de ne je savais quoi.

A chaque instant, il croyait devoir consulter sa montre.

A onze heures cinq juste, il se leva et, comme accomplissant l'opération la plus coutumière du monde, il tira la sonnette d'alarme.

Je le répète, *il tira la sonnette d'alarme.*

Je me fis ce raisonnement :

— Cet homme est devenu soudain fou, il va se livrer aux plus dangereuses excentricités ; mais comme il est très aimable, il tient à m'éviter la peine de tirer moi-même la sonnette d'alarme.

Cependant, ralentissait sa marche le train et se montrait à la portière la tête effarée du conducteur.

— Quoi ! quoi ! Qu'y a-t-il ?

— Oh ! répondit en souriant le monsieur de Valence, tranquillisez-vous, mon ami ! Il ne se passe rien de nature à altérer la sécurité des voyageurs. Il ne s'agit, en ce moment, que des intérêts de la Compagnie.

— Les intérêts...

— Les intérêts de la Compagnie, parfaitement ! Ce petit garçon qui est avec moi, mon fils en un mot, est né le 7 décembre 1887, à onze heures cinq du soir. Il vient donc d'entrer à cette minute dans sa septième année. Or, il est monté dans le train avec un ticket de demi-place ; il doit donc à votre administration la petite différence qui résulte de cet état de choses. Veuillez me donner acte de ma déclaration et m'indiquer le léger supplément à verser en vos mains.

. . . .

J'ai tenu à signaler au public cet acte de probité qui nous consolera de bien des défaillances actuelles.

Combien d'entre vous, lecteurs et lectrices, vous trouvant dans cette situation, n'auriez rien dit et ne vous croiriez point coupables !

Le sens moral fiche le camp à grands pas, décidément.

DES GENS POLIS

Un des phénomènes sociaux qui me consternent le plus par les temps troublés que nous traversons, c'est la disparition de ces belles manières qui firent longtemps à la France une réputation méritée.

Hélas! en fait de talons rouges, il ne reste plus que ceux des garçons d'abattoir! (Ça, j'ai la prétention que ce soit un mot, et un joli.)

Aussi fus-je délicieusement surpris, hier, me trouvant au Havre et lisant la chronique des tribunaux du *Petit Havre*, de découvrir une cause où les prévenus donnèrent à la magistrature et à la gendarmerie de notre pays l'exemple rare de la tenue parfaite et du mot choisi.

Ceux de mes lecteurs qui sont bien élevés (et ils le sont tous) seront enchantés de constater que la tradition des bonnes manières n'est pas tout à fait défunte en France.

Je ne change pas un mot au compte rendu si édifiant du *Petit Havre :*

TRIBUNAL CORRECTIONNEL DU HAVRE
Présidence de M. Delalande, juge.
Audience du 2 janvier 1895.

POLITESSE FRANÇAISE

« Nous avons la prétention d'être le peuple le plus courtois de la terre, et, certes, nous ne l'avons pas usurpée, étant donné qu'on retrouve la politesse jusque dans la bouche des locataires de madame Juliette Pineau.

» On aurait tort de supposer qu'il y a de notre part, dans cette déclaration, une ombre de mépris pour l'excellente madame Pineau ; mais celle-ci est directrice d'un humble garni, et ce n'est point de sa faute si, de temps à autre, quelques-uns de ses pensionnaires passent de leurs chambres à celle de la correctionnelle.

» C'est, aujourd'hui, le cas de Jeanne Lefustec, âgée de dix-sept ans, et d'Alphonse Landon, son camarade de chambrée, qu'elle affectionne bien tendrement, qu'elle défend avant elle-même avec beaucoup d'énergie.

» Que leur reproche-t-on ?

» 1° D'avoir, ensemble et de concert, — pour parler le langage juridique, — soustrait un oreiller à leur logeuse ;

» 2° De ne posséder, ni l'un ni l'autre, aucun moyen avouable d'existence ;

» 3° Jeanne, seule, d'avoir retourné les poches d'un marin, avec lequel elle avait trompé son cher Alphonse.

» Monde bien vulgaire, direz-vous. D'accord ; mais ce qui l'a relevé aux yeux de tous, c'est cette politesse exquise dont nous vous parlions tout à l'heure.

» — Me permettez-vous, monsieur le président, déclare mademoiselle Jeanne, de vous établir la parfaite innocence de monsieur mon amant dans l'affaire du vol? Il était parti chez madame sa mère pour lui présenter ses vœux de nouvelle année, tandis que je causais, au coin du quai, avec un monsieur de la douane, qui faisait le quart.

» — Je ne sais pas au juste, messieurs, réplique le prévenu, si c'est monsieur le douanier qui faisait le quart ; mais je puis vous assurer que mademoiselle ma maîtresse et moi sommes innocents. Notre chambre fermait très mal, et un inconnu aura chipé l'oreiller pendant que nous étions absents.

» Faute de preuves contraires, les inculpés gagnent cette première manche.

» Mademoiselle Jeanne se défend, avec non moins de correction, d'avoir plumé un matelot.

» — Je vous avoue, dit-elle, qu'il m'est arrivé de trahir la foi jurée. J'ai un faible pour ces messieurs de la flotte ; mais, loin de les dépouiller, je me fais un cas de conscience de ne pas même les écorcher. D'ailleurs, si un membre de la marine française m'accuse, montrez-le-moi.

» — Vous savez bien qu'il est en mer ?...

» — Alors, n'en parlons plus, monsieur le président...

» De fait, on n'en parle plus.

» Malheureusement pour ce couple plein d'urbanité, il reste à dire un mot de son état social.

» Le propre de cet état est de ne pas exister. Des renseignements très précis prouvent que mademoiselle Jeanne tient un commerce de faveurs pour lequel on ne délivre aucune patente, et que son excellent ami avait une large part dans les bénéfices.

» Aussi est-ce bien en vain, cette fois, qu'ils se congratulent :

» — Monsieur mon amant exerce la profession de journalier.

» — Mademoiselle ma maîtresse vivait des ressources de mon travail.

» Discours inutiles : tous deux vont vivre aux frais de l'Etat pendant un mois.

» Ils prennent, du reste, la chose de la meilleure grâce du monde et saluent le tribunal ; puis, s'inclinant devant le gendarme qui se dispose à les emmener, lui disent en souriant :

» — Après vous, monsieur le gendarme !

» Mais Pandore de répondre sur un ton qui n'admet pas de réplique :

» — Je n'en ferai rien !

» P. L. »

Si je n'avais l'horreur des plaisanteries faciles, j'ajouterais que la demoiselle Jeanne Lefustec est trop au lit pour être honnête. Mais je n'en ferai rien, considérant qu'on ne doit jamais insulter une femme qui tombe, même avec une fleur.

LE CAPTAIN CAP

DEVANT L'ÉTAT CIVIL D'UN ORANG-OUTANG

En arrivant à Nice, le Captain Cap et moi, deux affiches murales se disputèrent la gloire d'attirer notre attention.

(*La phrase que je viens d'écrire est d'une syntaxe plutôt discutable. On ne dirait vraiment pas que j'ai fait mes humanités.*)

Celle de ces deux affiches qui me charma, moi, en voici la teneur :

X..., PÉDICURE
TELLE RUE, TEL NUMÉRO
LE SEUL PÉDICURE SÉRIEUX DE NICE

Jamais, comme en ce moment, je ne sentis l'horreur de toute absence, sur mes abatis, de cors, durillons, œils de perdrix et autres stratagèmes.

Avoir sous la main un artiste qui, non content d'être sérieux, tient en même temps à être le *seul* sérieux d'une importante bourgade comme Nice, et ne trouver point matière à l'utiliser ! regrettable, ah ! que !...

Cap me proposa bien un truc qu'il tenait d'une vieille coutume en usage chez les femmes de saura-t-on jamais quel archipel polynésien, lesquelles femmes font consister tout leur charme à détenir le plus grand nombre possible de durillons sur les parties du corps les moins indiquées pour cette fin.

Je ne crus point devoir accepter, pour ce que ce jeu n'en valait point la chandelle, et nous passâmes à un autre genre de sport.

Celle des affiches murales que préféra Cap, annonçait à Urbi, Orbi and C°, que tout individu, titulaire d'une petite somme variant entre vingt-cinq centimes et un franc, pouvait s'offrir le spectacle d'un orang-outang, autrement dit, messieurs et dames, le véritable homme des bois, le SEUL (tel mon pédicure du début) ayant paru en France depuis les laps les plus reculés.

Une gravure complétait ce texte, une gravure figurant le buste du quadrumane, et autour de cette gravure, ainsi qu'une inscription de médaille, s'étalaient ces mots, circulairement :

Je m'appelle Auguste : 10,000 francs à qui prouvera le contraire !

Dix mille francs à qui prouvera le contraire !
Le contraire de quoi ? Que le monstre en question

fût un véritable orang-outang, un authentique homme des bois, ou simplement qu'il s'appelât, de son vrai nom, Auguste ?

Pour l'âme limpide de Cap, nul doute ne savait exister.

Il s'agissait de démontrer que ce singe ridicule ne s'appelait pas Auguste, de toucher les 500 louis et d'aller faire sauter la banque à Monte-Carlo !

Ah ! mon Dieu, ça n'était pas bien compliqué !

Et Cap ne cessait de me répéter :

— Je ne sais pas, mais quelque chose me dit que cet orang ne s'appelle pas Auguste.

— Dam !

— Pourquoi *dam* ? Ce sale gorille n'a pas une tête à s'appeler Auguste.

— Dam !

— Allais, si vous répétez encore une seule fois ce mot *dam*, je vous f... un coup d'aviron sur la g... !

Tout ce qu'on voudra sur la g..., hormis un aviron ! Telle est ma devise.

Je n'insistai point et nous parlâmes d'autre chose.

Le soir même, Cap filait sur Antibes, regagnant son yacht, *le Roi des Madrépores*, et je demeurai une grande quinzaine sans le revoir.

Un matin, je fus réveillé par de grands éclats de voix dans mon antichambre : le clairon triomphal du Captain ébranlait mes parois.

— Ah ! ah ! proclamait Cap, je les ai, les preuves, je les tiens !

— Les preuves de quoi? m'étirai-je en ma couche.

— Je savais bien que ce sale chimpanzé ne s'appelait pas Auguste!

— Ah!

— Je viens de recevoir une dépêche de Bornéo, sa ville natale. Non seulement il ne s'appelle pas Auguste, mais encore il s'appelle Charles!

— Diable, c'est grave!... Et dites-moi, mon cher Cap, pensez-vous alors que Charles, l'orang de Nice, soit parent de Charles Laurent, de Paris?

— Dans votre conduite, mon cher Alphonse, le ridicule le dispute à l'odieux... J'ai reçu de notre consul à Bornéo toutes les pièces établissant, incontestablement, que le grand singe du Pont-Vieux s'appelle Charles. Vite, levez-vous et allons chez un avoué. A nous les 10,000 francs!

Mon notaire de Nice, M. Pineau, qui passe à juste titre pour l'un des plus éminents jurisconsultes des Alpes-Maritimes, nous donna l'adresse d'un excellent avoué, et notre papier-timbré fut rédigé en moins de temps qu'il n'en faut pour l'écrire.

Mais, hélas! la petite fête foraine du Pont-Vieux était terminée.

Le faux Auguste, sa baraque, son barnum, tout déménagé à San-Remo, sur la terre d'Italie; et l'on n'ignore point que la loi italienne est formelle à cet égard: interdiction absolue de rechercher l'état civil de tout singe haut de 70 centimètres et plus.

VÉRITABLE RÉVOLUTION

DANS LA MOUSQUETERIE FRANÇAISE

A Nice, cet hiver, j'ai fait connaissance d'un ingénieux et téméraire lieutenant de chasseurs alpins qui s'appelait Elie Coïdal.

J'eus même l'occasion de parler de lui naguère au sujet de sa géniale bicyclette de montagne (dis-moi, lecteur, dis-moi, t'en souviens-tu?).

En se quittant, on s'était juré de s'écrire; c'est lui qui a tenu parole.

« Camp de Châlons, 19 avril.

» Mon cher Allais,

» Hélas! oui, mon pauvre vieux, cette lettre est datée du *Camp de Châlons !* Un port de mer dont tu ne peux pas te faire une idée, même approchante. Comme c'est loin, Nice et Monte-Carlo, et Beaulieu! (Te rappelles-tu notre déjeuner à Beaulieu et la fureur de la dame quand, le soir, tu lui racontas qu'on avait déjeuné vis-à-vis de la Grande Bleue? Elle la cherchait au Casino, cette Grande Bleue, pour lui crêper le chignon!)

» A parler sérieusement, je te dirai que je suis détaché jusqu'au 15 juillet à l'école de tir, ce qui ne comporte rien de spécialement récréatif.

» Loin des plaisirs mondains et frivoles, je me retrempe à l'étude des questions techniques susceptibles de rendre service à la France.

» Je ne me suis pas endormi sur les lauriers de ma bicyclette de montagne — — j'ai travaillé le fusil et j'ai la prétention d'être arrivé à ce qu'on appelle *quelque chose*.

» Un article publié au commencement de ce mois dans les journaux, parlait louangeusement d'une nouvelle balle évidée de calibre cinq millimètres.

» Si la réduction du calibre produit des résultats si merveilleux, pourquoi ne pas arriver carrément au calibre de un millimètre?

» Un millimètre! vous récriez-vous. Une aiguille, alors?

» Parfaitement, une aiguille!

» Et comme toute aiguille qui se respecte a un chas (1) et que tout chas est fait pour être enfilé,

---

(1) Beaucoup de personnes, dévorées par le Démon de l'Analogie, disent le *chat* d'une aiguille. Ces personnes ont tort : on doit écrire le *chas*.

Bescherelle, que je viens de consulter pour illuminer ma

j'enfile dans le chas de mon aiguille un solide fil de 3 kilomètres de long, de telle sorte que mon aiguille traversant 15 ou 20 hommes, ces 15 ou 20 hommes se trouvent enfilés du même coup.

» Le chas de mon aiguille — j'oubliais ce détail — est placé au milieu (c'est le cas, d'ailleurs, de beaucoup de chas), de façon qu'après avoir traversé son dernier homme, l'aiguille se place d'elle-même en travers.

» Remarquez que le tireur conserve toujours le bon bout du fil.

» Et alors, en quelques secondes, les compagnies, les bataillons, les régiments ennemis se trouvent enfilés, ficelés, empaquetés, tout prêts à être envoyés vers des lieux de déportation.

» Le voilà bien, le fusil à aiguille, le voilà bien !

. . . .

(*Suivent quelques détails personnels non destinés à la publicité et des formules de courtoise sympathie qui n'apprendraient rien au lecteur.*)

. . . .

» Élie Coïdal. »

Et dire que les Comités n'auront qu'un cri pour repousser l'idée, pourtant si simple et si définitive, de mon ami le lieutenant Élie Coïdal !

religion, ajoute une notice rétrospective et suggestive éminemment :

« *Se disait autrefois de la fente entre deux poutres. On dit maintenant* TRAVÉE. »

Travée... j'aurais beaucoup de peine à me faire à ce mot-là.

Et savez-vous pourquoi ?

Tout simplement parce que le lieutenant Elie Coïdal n'est pas de l'artillerie.

Il est défendu, paraît-il, à un chasseur alpin d'avoir du génie.

Voilà où nous en sommes après vingt-cinq ans de République !

TROIS RECORDS

A l'heure qu'il est, dans la vie, n'importe lequel, mais détenir un record : tout est là.

Il n'existe pas une âme vraiment digne de ce nom qui ne soit hantée par cette moderne convoitise.

J'ai renoncé à compter les lettres quotidiennes où d'aimables correspondants me prient de faire part aux masses de tel ou tel record qu'ils ont la prétention de détenir.

Dans l'impossibilité de publier toute cette correspondance, j'ai procédé par voie de tirage au sort et les records que je vais avoir l'honneur, messieurs et mesdames, de vous présenter, sont :

1° Le record du gnon ;

2° Le record du temps pour la descente de l'escalier de six étages ;

Et 3° le record de la serviabilité.

M. M. C..., mon aimable correspondant pour le record du *gnon*, s'exprime ainsi :

« Pour un cycliste, savoir se tenir sur sa machine est d'une bien petite importance ; mais savoir en tomber en possède une plus grande. Les gens intelligents le comprendront sans peine.

» ..... Grâce à un entraînement consciencieux et journalier, j'ai obtenu les résultats suivants, sur piste :

» Pour la minute, 18 chutes 3/8 ; pour l'heure, 1,097 chutes ; 69 pour le mètre et 7,830 pour le kilomètre.

» ..... Mon procédé : j'ai commencé par me garnir le corps de coussins formés de vieux pneumatiques, dont j'ai graduellement diminué l'épaisseur. Peu à peu, je les regonflai en remplaçant l'air par des billes de bicyclettes.

» Aujourd'hui, je suis très en forme, et je suis tombé, hier, sur une pile de bouteilles que j'ai littéralement broyées sans me causer la moindre égratignure... Ma machine : une simple roue de voiture à bras, avec guidon à contre-poids pour accélérer la chute. Axe fixe. Jamais d'huile. »

Suivent quelques détails qui pourraient fatiguer le lecteur peu habitué aux spéculations techniques.

Mon aimable correspondant se met à la disposition de n'importe quel quiconque pour tel match relatif au *gnon* que cet individu lui proposerait.

Le record du temps pour la descente de l'escalier de six étages serait détenu, si les faits sont exacts, par un autre aimable correspondant qui signe Gigomar. (Un pseudonyme, peut-être, qui cache une de nos personnalités les plus en vue.)

Laissons la parole à l'aimable correspondant n° 2 :

« ..... Par goût autant que par hygiène, mon cher maître, je fais du pédestrianisme à outrance. Le Juif-Errant, dont vous faites votre Dieu, n'est, auprès de moi, qu'un grave cul-de-plomb.

» Pas de sport sérieux, n'est-ce pas ? sans entraîneurs. Or, mes minces ressources m'interdisent de rémunérer de tels tiers.

» Aussi, qu'ai-je imaginé ? Ne cherchez pas. J'ai imaginé de prendre comme entraîneur le premier venu, le dernier venu, n'importe qui, vous, le général Brugère, l'abbé Lemire, Carolus Duran, je m'en fiche.

» J'emboîte le pas de l'être choisi, et je m'en vais.

» L'être choisi s'aperçoit tout de suite du manège. Il accélère son allure. Moi la mienne. Et nous voilà partis, menant un train du diable.

» Des fois, je tombe sur un individu mal indiqué pour cette solidarité. Des cannes se brisent sur ma physionomie, de lourdes mains s'appesantissent sur mon faciès. Plus souvent qu'à mon tour, je rentre chez moi titulaire d'un visage qui n'est plus qu'une bouillie sanguinolente.

» Qu'importe ?

» Mais me voilà bien loin de mon record... J'y reviens.

» Hier, l'idée me vint de prendre, au lieu d'un entraîneur, une entraîneuse.

» Justement, une jolie petite blonde !

» Et allez donc !

» Malheureusement, je m'emballai dans le *rush* final, j'enfilai les six étages derrière ma petite blonde en moins de temps qu'il n'en faut pour l'écrire, et je tombai sur le mari de la petite blonde.

» Ou plutôt, ce fut le mari de la petite blonde qui tomba sur moi.

» Par un hasard providentiel, je consultai ma montre à ce moment précis : il était 5 h. 17 m. 34 s.

» Quand j'arrivai au bas de l'escalier, la curiosité me poussa à me rendre compte de la nouvelle heure qu'il pouvait bien être. Voici exactement : 5 h. 17 m. 41 s.

» Une simple soustraction m'avisa que j'avais dévoré les six étages de la petite blonde en sept secondes, soit un peu plus d'une seconde par étage. »

Suivent quelques considérations oiseuses de mon aimable correspondant.

Le troisième record échappe au domaine sportif pour tomber dans l'apanage psychique.

— Tiens, Cap, la bonne mine que vous avez !

— Ah ! voilà. J'ai totalement renoncé aux *american drinks*.

— Captain Cap, vous ne parlez pas sérieusement.

— Mon vieux camarade, l'alcool, savez-vous comment je l'appelle ?

— En appelant le garçon.

— Non. Je l'appelle du *coffin varnish*, du vernis à cercueil, comme vous dites, vous autres Européens.

— Vous me déterminez du froid dans le dos, Cap.

— Maintenant, je ne bois plus qu'une délicieuse bière de Nuremberg que les barons de Tucher fabriquent spécialement pour moi.

En prononçant le nom des barons de Tucher, Cap semblait accumuler sur son chapeau de glob-trotter tous les panaches des féodalités mortes.

— Et ce breuvage, continua le captain, possède, sans préjudice pour ses autres qualités, la vertu de me rendre un être bon, sensible, délicat et tout de mansuétude... Ainsi, hier, savez-vous ce que j'ai fait?

— Dites-le-moi, et je le saurai.

— Dans les jardins du Trocadéro, j'ai rencontré un verre de terre amoureux d'une étoile; je l'ai grimpé tout en haut de la Tour Eiffel et je l'ai confortablement installé sur la hampe du drapeau pour

Le rapprocher un peu de l'objet de sa flamme.

— Tous mes compliments, Cap; vous êtes un homme de tant de cœur!

— Ce n'est pas moi qu'il faut féliciter, mais bien ces bons barons.

— Alors, Cap, clamons éperdus : *Vivent les barons de Tucher !*

LA VENGEANCE DE MAGNUM

(PANTOMIMETTE POUR LE NOUVEAU CIRQUE)

PERSONNAGES

MAGNUM, *jeune chien tout petit, tout petit, mais excessivement roublard et teigne.*
BLACK, *gros terre-neuve entre deux âges, pas très malin, mais excellent bougre.*
ROSE SWEET, *acariâtre et sèche vieille lady, propriétaire d'un petit cottage à louer* (te let).

I. — Dans un moment d'oubli, le jeune chien Magnum souille la porte du cottage de Rose Sweet.

II. — Cette dernière, qui précisément revient du marché, châtie le petit coupable d'une main osseuse et excessive.

III. — Magnum s'éloigne la chair meurtrie et l'amour-propre en feu. Son état d'âme consiste à se dire : « Quelle mauvaise blague pourrais-je bien faire à ce vieux chameau-là? »

IV. — Soudain, il frappe son petit crâne de sa petite patte et pousse un joyeux petit aboi qui correspond assez exactement à l'*euréka* des anciens Grecs.

V. — Et puis, le voilà parti à toute volée dans une direction qu'il sait!

VI. — Bientôt, il revient accompagné de Black, un gros terre-neuve blanc de ses amis.

VII. — En route, Magnum explique, non sans peine, à Black, son rôle dans cette entreprise.

VIII. — Docilement, Black se place près de la porte du cottage, tenant haut sa bonne tête de bon chien-chien.

IX. — Le petit Magnum, la joie préventive aux prunelles, saute sur le corps de Black, puis, de là, sur sa tête.

X. — Ainsi parvenu à la hauteur convenable, il appuie le bout de sa mignonne patte sur le bouton électrique de la porte du cottage.

XI. — Driling, driling, driling, driling, driling, driling...

XII. — Les derniers *driling* vibrent encore qu'un changement à vue s'est opéré avec la rapidité de l'éclair lancé d'une main sûre.

XIII. — Magnum saute à terre et va se coucher sur le trottoir, à trois ou quatre brasses en amont du cottage.

XIV. — Même jeu pour Black. Seulement, lui, c'est en aval.

XV. — Cependant, Rose Sweet, en espoir de possibles locataires, accourt vite, essuyant à son tablier ses mains souillées de pelures de pommes de terre, et toute à l'infructueuse tentative d'arborer sur sa morose et naturellement agressive face l'exquis sourire du bon *wellcome*.

XVI. — Personne à la porte du cottage ! Personne dans l'avenue ! A l'horizon, pas l'ombre d'un naughty *little boy* ! Alors quoi ?

XVII. — D'êtres vivants, seulement ces deux chiens qui se chauffent au soleil. Pas eux qui ont sonné, bien sûr ! Pas ce gros terre-neuve, pas ce minuscule roquet, non plus ! Alors quoi ?

XVIII. — Rose Sweet referme la porte de son cottage et rentre chez elle, attribuant son dérangement à quelque phénomène de berlue auditive.

XIX. — Pas plutôt Rose Sweet rentrée, les deux chiens recommencent le petit stratagème indiqué dans les numéros VIII, IX, X, XI, XII, XIII et XIV.

XX. — Rose Sweet renouvelle le manège soigneusement décrit dans les numéros XV, XVI et XVII.

XXI. — Mais l'hypothèse du phénomène berlue auditive ne lui suffit plus.

XXII. — Des *phantasms*, peut-être ! Effroi indescriptible de l'haïssable mégère !

XXIII. — Oui, c'est bien cela, des *phantasms !* Des âmes d'anciens locataires tourmentés par elle, la viennent tourmenter à son tour.

XXIV, XXV, etc., etc., N. — Ce petit jeu continue, jusqu'à ce que le spectateur donne des marques évidentes de lassitude.

N + 1. — Complètement affolée, Rose Sweet se pend, dans son jardin, à la branche d'un poirier de Bon-Chrétien.

N + 2. — Et cette Rose Sweet était une si hargneuse vieille lady, et si désobligeante qu'il n'y a personne à son enterrement...

N + 3. — ... Sauf Magnum et Black, qui rigolent comme des baleines de pépin, par une pluie d'orage.

LE PETIT LOUP ET LE GROS CANARD

IDYLLE

Voilà environ quinze jours — comme le temps passe, tout de même ! qui est-ce qui dirait qu'il y a déjà quinze jours ? — j'eus l'occasion de passer une nuit à l'hôtel Terminus de Marseille.

Je serais désolé que les excellents tenanciers de cette maison perçussent, à travers les paroles que je vais dire, la moindre attitude agressive ou simplement querelleuse; mais je dois déclarer qu'en ce Terminus les appartements sont séparés les uns des autres par une substance qui trouverait beaucoup mieux son emploi dans la confection d'un parfait téléphone que dans celle d'une raisonnable cloison. J'ai vu, dans ma longue carrière d'ingénieur acousticien, bien des matières excellentes conductrices du son, mais jamais je n'en rencontrerai une seule comparable, même de loin, à celle dont sont pétris les murs de l'hôtel Terminus à Marseille.

Des fois, c'est gênant.

Des fois, c'est rigolo.

Cette fois, ce fut rigolo.

Ce fut rigolo, parce que la chambre voisine de la nôtre était occupée par un loup et par un canard.

Ne frottez pas vos yeux, vous avez bien entendu : la chambre voisine de la nôtre était occupée par un loup et par un canard.

Un loup et un canard dans une chambre d'hôtel ! Pourquoi pas? Tout arrive, même à Marseille.

En dépit des pronostics et des quasi-certitudes que n'eussent pas manqué de tirer les esprits clairvoyants, le loup ne dévora point le canard, si ce n'est de caresses.

— De caresses ! vous récriez-vous. Des caresses entre canard et loup !

— Des caresses, parfaitement !

Le loup aimait le canard, et le canard aimait le loup.

Monstrueux ! dites-vous. Pourquoi cela ?

Avez-vous donc jamais vu, dans les foires, le produit incestueux de la carpe et du lapin ?

Et puis, quelque chose contribuait à rendre moins anti-nature les tendresses entre le carnassier et le volatile : leur dimension réciproque.

Le loup était un loup de petite taille et le canard un canard de forte stature.

Ou du moins, je me plus à les considérer ainsi d'après leur conversation.

Le loup appelait le canard : *Mon gros canard*,

cependant que le canard interpellait le loup : *Mon petit loup*.

Tout compte fait — et surtout pour faire cesser toute plaisanterie qui a trop longtemps duré — nos voisins n'étaient, zoologiquement parlant, ni un loup, ni un canard.

Ils étaient évidemment des amoureux et sans doute des néo-conjoints.

Bientôt, je m'endormis au roucoulement de cette pseudo-ménagerie disparate, et au petit jour, je fus éveillé par des *mon petit loup* et des *mon gros canard* sans fin.

— Ils doivent être gentils, ces petits-là ! pensai-je.

Et des jours s'écoulèrent.

... Samedi dernier, nous nous trouvions à Nice, dans un restaurant :

A une table tout près de la nôtre vinrent s'asseoir un monsieur et une dame qui ne suscitèrent point, tout d'abord, notre intérêt.

Mais quand nous entendîmes :

— Encore un peu de langouste, mon petit loup ?
— Volontiers, mon gros canard !

Vous concevez d'ici notre joie !

Avoir sous la main un petit loup et un gros canard qu'on avait considérés jusqu'alors comme l'apanage exclusif de la chimère ! Pouvoir les contempler, les frôler peut-être !

Et nous contemplâmes !

Un penseur doublé d'un écrivain a exprimé un

jour cette subtile idée que la réalité ne vaudra jamais le rêve.

Comme il avait raison, ce penseur doublé d'un écrivain !

Ah ! il était chouette, le gros canard !

Ah ! elle était chouette, le petit loup !

Son nez, au gros canard, était la proie d'un turbulent eczéma. Ses deux douzaines de cheveux demeurés fidèles se tournaient, se contournaient et se recontournaient sur son crâne pour donner, à une portée de fusil, l'illusion d'un système pileux follement développé.

Quant au petit loup, elle donnait plutôt l'illusion d'une femelle de kanguroo dont on aurait craint, tout le temps, que les gros yeux tombassent dans la mayonnaise de sa langouste.

Et ce qu'ils disaient !

Le gros canard parlait de l'année véritablement rigoureuse, et que ça ferait de la misère, et que la misère est mauvaise conseillère aux pauvres gens, et qu'*on n'avait pourtant pas besoin de ça, en France !*

Et le petit loup concluait :

— Il faudra, cette année, que les riches soient assez raisonnables pour faire un peu la charité !

Le gros canard sembla touché jusqu'aux larmes des sentiments si pitoyables de son petit loup chéri, dont les yeux persistèrent à me donner des inquiétudes par leur tendance à choir dans les assiettes.

UNE DES BEAUTÉS

DE L'ADMINISTRATION FRANÇAISE

Un de mes bons amis de Rouen, garçon d'infiniment de cœur et de beaucoup de talent, M. Raoul Oger, pour ne citer que ses initiales, a conçu depuis longtemps, à l'égard des ponts et chaussées, une haine que la cognée du pardon ne saura jamais abattre.

Rien ne m'ôtera de l'idée qu'il n'y ait sous cette implacabilité quelque inavouée histoire de femme. Mais n'insistons pas : nous pourrions désobliger du même coup mon ami Oger et un ingénieur peut-être honorable.

Bornons-nous à enregistrer, du haut de notre tribune, l'histoire que me confie le jeune littérateur rouennais.

J'aurais volontiers reproduit littéralement sa lettre (ce qui eût merveilleusement convenu à mon genre d'activité); mais, par malheur, Oger a cru devoir mêler à son récit le nom d'une des plus honorables familles d'Elbeuf. Et je n'étonnerai personne en proclamant mon culte pour les familles d'Elbeuf, même les plus dévoyées.

Or, donc, Raoul Oger se promenait récemment sur la route nationale n° 25 (il précise), du Havre à Lille, quand il rencontra, un peu après Montivilliers, un bonhomme assis sur le bord de la route, devant un tas de cailloux.

Ce bonhomme était coiffé d'un chapeau cerclé d'une bande d'étoffe noire sur laquelle, en lettres d'or, se détachait ce mot : *Cantonnier*.

Et cette inscription n'était point mensongère : le bonhomme en question constituait, en effet, cet humble rouage de l'administration des ponts et chaussées qu'on appelle *cantonnier*.

Et ce cantonnier exécutait un travail bizarre.

Il faisait passer dans un anneau circulaire en fer chacun des cailloux qui composaient le tas devant lequel il était assis.

Selon : 1° que le caillou passait dans l'anneau trop facilement ; 2° qu'il ne passait pas du tout ; 3° qu'il passait à peu près juste, le cantonnier le mettait en un tas différent.

Et ces trois tas pouvaient se définir ainsi :

Le tas des petits cailloux,

Le tas des moyens cailloux,

Le tas des gros cailloux.

Fortement intrigué par cette sélection, Oger, qui

aime bien à se rendre compte, engagea la conversation avec l'humble rouage administratif :

— Une belle journée aujourd'hui, hein, cantonnier ?

— Oui... On en a vu de pires, mais on en a vu de plus belles.

Cette cordialité encouragea Oger.

— Quelle drôle de besogne vous faites là !... C'est ien utile ?

— Oh ! utile, ça, je m'en f... ! Quand je fais ça, je ne fais pas autre chose... C'est le principal !

— Evidemment.

— Moi, je fais ce que ces messieurs me disent de faire, et je me f... du reste !

— Et vous avez bien raison ! Mais qui ça... ces messieurs ?

— Eh ben ! ces messieurs des *pontéchaussées*, parbleu !

— Et pourquoi ce triage ?

— Ah ! voilà. Mon anneau — car c'est un anneau que vous voyez là — a six centimètres de diamètre. Il me sert à enlever de mon tas les trop petits cailloux et les trop gros... Les trop petits, c'est du *déchet*, on les f... de côté... Les trop gros, on les f... de côté aussi, pour les recasser. On ne garde que ceux qui ont de six à huit centimètres.

— Et ceux-là, qu'en fait-on ?

— On les f... sur la route, ceux-là.

— Pour quoi faire ?

— Pour la farcir, donc !

— Et quand ils sont sur la route ?

— Quand ils sont sur la route, on amène un énorme rouleau qui pèse je ne sais combien de mille kilos, et on le fait passer dessus. Et ça écrase mes cailloux comme des miettes !

Devant cette déclaration inattendue, mon ami Oger demeura, paraît-il, sans voix.

Au bout de quelques minutes, il recouvrait l'usage de cet organe pour s'écrier :

— Mais alors, vos ingénieurs sont bêtes comme des bégonias !

— Oui, monsieur, comme des bégonias ! Et aussi laids que des bégonias ! Et aussi prétentieux !

Trier soigneusement des cailloux, les séparer des trop petits et des trop gros, pour, finalement, les réduire en miettes, non, tout ça n'était pas fait pour réconcilier Oger avec cette administration des ponts et chaussées que l'Europe ne nous envie que bien relativement.

Et pendant que mon ami Raoul Oger tenait dans ses mains son crâne prêt à éclater, le cantonnier, froidement et avec une conscience digne de l'antique, persistait à faire passer ses cailloux dans son anneau de six centimètres.

LA VRAIE MAITRESSE LÉGITIME

Sur un éclat de rire approbateur de son mari (ou de son amant? j'ignorais encore), la jeune femme reprit, avec une assurance non dénuée de culot, le récit de leur aventure :

— D'abord, moi, quand j'étais jeune fille, il y a une phrase qui revenait souvent dans la conversation des personnes graves et qui m'intriguait beaucoup. Les personnes graves répétaient à mi-voix et avec des petits airs pudiques et idiots : « On ne doit jamais se conduire avec sa femme comme on se conduit avec sa maîtresse. » Dans mon vif désir de m'instruire, je m'informais : « Comment se conduit-on avec sa femme? Comment se conduit-on avec sa maîtresse? » Et il fallait voir la tête ahurie des bonnes femmes! Au fond, je crois qu'elles n'avaient, sur ce sujet, que des notions très superficielles. Alors, elles me faisaient des réponses flasques et mucilagineuses : « Eh bien! mon enfant, voici :

les messieurs tiennent, devant leurs maîtresses, des propos qu'ils ne doivent pas tenir devant leur femme... Les messieurs vont avec leurs maîtresses dans des endroits où ils ne doivent pas amener leur femme », etc., etc... J'avais beaucoup de peine à me payer de ces raisons, et un jour je faillis flanquer une attaque d'apoplexie à une grosse dame pudibonde, en lui demandant froidement : « Est-ce que les messieurs embrassent leurs maîtresses d'une certaine façon qu'ils ne doivent pas employer avec leur femme ? » A part moi, je me disais confidentiellement : « Toi, ma petite amie, quand tu seras mariée, tu prieras ton mari de te traiter en femme légitime d'abord, et puis ensuite en maîtresse », me réservant, bien entendu, de choisir le mode de traitement qui conviendrait le mieux à mon tempérament.

— Vous parliez, approuvai-je chaudement, en femme libre et débarrassée de tout préjugé mondain.

— Oh! vous savez, les préjugés mondains! étant toute petite, je m'asseyais déjà dessus.

— Mais continuez, je vous prie, madame, le récit de ce qui vous advint par la suite.

— Malgré ma détestable réputation dans le monde, je me mariai tout de même et j'épousai Fernand, ce mauvais sujet-là. N'est-ce pas, Fernand, que tu es un mauvais sujet ?

— Détestable, mon petit rat, et combien répréhensible ! Quand je rentre en moi-même, je prends des bottes d'égoutier.

— Et moi, trois épaisseurs de scaphandre.

Quelques baisers s'échangèrent alors, pour démontrer que ce dégoût (évidemment joué) de leur *moi* n'était pas mutuel. Et la jeune femme poursuivit :

— Vous vous imaginez peut-être qu'une fois mariée, le *monde* allait nous ficher la paix avec les différents procédés qu'on emploie à l'égard des maîtresses et des légitimes ? Ah ben, ouiche ! Au contraire, cela ne fit que redoubler. On aurait juré que mes parents et ceux de Fernand s'étaient donné le mot pour nous raser de leurs jérémiades bourgeoises. A les entendre, on ne pouvait s'embrasser un peu qu'après avoir poussé le verrou de sûreté. Heureusement que Fernand et moi, nous ne sommes pas des types à nous laisser racler les côtelettes longtemps et impunément.

— Racler les côtelettes ?

— Oui, raser... quoi ! Nous nous rebiffâmes avec une sombre énergie et une peu commune trivialité d'expressions. Un jour, dans un grand dîner, chez les parents de Fernand, je me lève au dessert et je vais embrasser mon petit mari. Tête de ma belle-mère ! Alors, moi, devant tout le monde : « Vous avez donc peur que la police ne vienne fermer votre boîte ! » Il faut vous dire que le père de Fernand est président du tribunal civil de B... Et tout le temps comme ça ! Mais le pire, et ce qui nous a tout à fait fâchés avec nos familles respectives, c'est la blague que nous fîmes, l'été dernier, à nos deux vénérables familles... Quand j'y pense, j'en suis encore malade !

— Je ne demande qu'à gagner votre maladie ?

— Oh ! vous allez voir, ça n'est pas bien méchant... à raconter... Mais quand on a vu la tête des gens !... Nous avions loué à Hennequeville un délicieux petit pavillon normand, couvert de chaume.

— *Chaume, sweet, chaume!*

— Très drôle, *chaume, sweet, chaume!* Un pavillon normand que Fernand eut l'idée baroque de baptiser *Bombay Cottage*.

Mes parents vinrent passer une quinzaine chez nous, et les parents de Fernand une autre quinzaine. Ils étaient enchantés de notre installation : *Bombay Cottage* par ci, *Bombay Cottage* par là ! Or, ce ne fut qu'à la fin de la saison qu'ils s'aperçurent du déplorable et charmant calembour, appellation de notre *home* : *Bombay Cottage... bon bécotage!* Ces pauvres gens, du coup, se crurent déshonorés, rompirent définitivement, et nous coupèrent les vivres ou, tout au moins, ce qu'ils purent nous en couper. Alors, que fîmes-nous, Fernand et moi ?... Ça, si vous le devinez, vous serez un rude malin !

— Je ne suis pas un rude malin.

— Eh bien, purement et simplement, Fernand et moi, nous demandâmes le divorce et nous l'obtînmes ! De sorte que nous ne sommes plus mari et femme, mais amant et maîtresse... Alors, personne n'a plus rien à nous dire. Nous rigolons comme des vieilles baleines, et pas plus tard que la semaine dernière, nous nous sommes fait fiche à la porte de trois hôtels de Cannes. Ohé ! ohé !

— Et comptez-vous quelquefois vous remarier ?

— Oh ! pas avant qu'on soit devenu des vieux types ridicules !... Pas, mon petit Fernand ?

Et Fernand, secouant la cendre de sa pipe, acquiesça.

OHÉ! OHÉ!

Un de mes jeunes lecteurs du Tarn — très gentil garçon, si j'en crois la graphologie — me soumet une idée des plus ingénieuses, patriarcalement simple, mais encore fallait-il la trouver. L'éternelle histoire de Christophe Colomb!

Je vais résumer, avec ma maîtrise habituelle, la lettre de mon brave ami du Tarn :

Le flamboiement inaccoutumé de Mars — uniquement dû, d'ailleurs, à la générale adoption du bec Auer (1) par les habitants de cette planète — a remis sur le tapis de l'actualité la toujours intéressante question des communications interastrales.

Si véritablement des mondes animés grouillent

(1) Cette dernière invention a singulièrement réhabilité M. Auer du consternant système de chopine qui porte son nom et qui vous procure une tant lugubre ivresse.

au sein des astres environnants, comment leur faire signe que la terre, notre petite terre chérie, est peuplée d'êtres intelligents (je parle de mes lecteurs), fort capables d'entrer en communication avec eux ?

Mon pauvre ami Charles Cros avait été très préoccupé de cette question et il publia un petit mémoire fort curieux en lequel il proposait un système de signaux lumineux, commençant sur un rythme très simple pour arriver à des rythmes plus compliqués, mais très susceptibles d'être perçus et compris par des bonshommes cérébralement analogues à nous.

Tout cela est fort joli ; mais pour faire d'utiles signaux à des gens, encore faut-il que ces gens vous contemplent.

Si M. Bill-Sharp ou le Captain Cap passent sur l'autre trottoir du boulevard et que vous désiriez échanger avec eux quelques propos piquants, vous attirerez leur attention ; comment ?

Avec un beau geste ? Oui, s'ils vous regardent ; mais, sinon ?

En les appelant ?

Voilà ce que je voulais vous faire dire !... En les appelant.

Si les Martiens ou les Sélénites nous tournent le dos en ce moment, il faut crier très fort pour qu'ils se retournent.

Vous voyez d'ici le projet.

Mobiliser, pendant une heure, toute l'espèce humaine, tous les animaux, toutes les cloches, tous les pistolets, fusils, canons, toutes les assemblées délibérantes, tous les orchestres, depuis celui de Lamoureux jusqu'à la Musique Municipale de Honfleur et la fanfare de la reine de Madagascar, etc., etc., etc., tous les pianos même !

A la même heure (au même *instant* plutôt, car l'heure est relative), tout ce monde, bêtes et gens, se mettrait à gueuler comme des sourds, les cloches du monde entier entreraient en branle, les pistolets, fusils, canons tonneraient, etc., etc.

Même les plus menus bruits (*Vive Casimir-Perier !* par exemple) ne seraient point négligés.

Ce joli petit chambard durerait une heure durant.

Après quoi, chacun n'aurait pas volé d'aller se coucher sur les deux oreilles, si par hasard elles se trouvaient encore à leur place.

On n'aurait plus qu'à attendre.

Mars étant séparé de la Terre par une distance de... lieues, le son parcourant... mètres à la seconde, les Martiens entendraient donc notre concert au au bout de... heures... minutes... secondes.

(Ombre de l'amiral Mouchez, si vous êtes contente de la statue que vous dresse au Havre mon ami Dubois, remplissez ces blancs !)

Si, au bout du double de ce temps, on n'entendait aucune clameur astrale, c'est que les Martiens sont sourds, tels des pots, ou qu'ils se fichent de nous comme de leur premier bock (de bière de Mars).

Et alors ce serait à vous décourager de l'astronomie.

Ohé ! ohé !

DRESSAGE

Dimanche dernier, aux courses d'Auteuil, je fis la rencontre du Captain Cap et je ressentis, de cette circonstance, une joie d'autant plus vive que je croyais, pour le moment, notre sympathique navigateur en rade de Bilbao.

La journée de dimanche dernier n'est pas tellement effondrée dans les abîmes de l'Histoire qu'on ne puisse se rappeler l'abominable temps qui sévissait alors.

— Mouillé pour mouillé, conclut Cap après les salutations d'usage, j'aimerais mieux me mouiller au sein de l'*Australian Wine Store* de l'avenue d'Eylau. Est-ce point votre avis ?

— J'abonde dans votre sens, Captain.

— Alors, filons !

Et nous filâmes.

— Qu'est-ce qu'il faut servir à ces messieurs ? demanda la gracieuse petite patronne.

— Ah! voilà, fit Cap. Que pourrait-on bien boire?

— Pour moi, fis-je, il pleure dans mon cœur comme il pleut sur la ville, en sorte que je vais m'envoyer un bon petit *corpse reviver*.

— C'est une idée! Moi aussi, je vais m'envoyer un bon petit *corpse reviver*. Préparez-nous, madame, deux bons petits *corpse revivers*, je vous prie.

A ce moment, pénétra dans le bar un homme que Cap connaissait et qu'il me présenta.

Son nom, je ne l'entendis pas bien; mais sa fonction, vivrais-je aussi longtemps que toute une potée de patriarches, je ne l'oublierai jamais.

L'ami de Cap s'intitulait modestement : *chef de musique à bord du* Goubet !

Notez que le *Goubet* est un bateau sous-marin qui doit jauger dans les 10 tonneaux. Vous voyez d'ici l'embarquement de la fanfare !

Cet étrange fonctionnaire se mit à nous conter des histoires plus étranges encore.

Il avait passé tout l'été, affirmait-il, à dresser des moules.

— La moule ne mérite aucunement son vieux renom de stupidité. Seulement, voilà, il faut la prendre par la douceur, car c'est un mollusque essentiellement timide. Avec de la mansuétude et de la musique, on en fait ce qu'on veut.

— Allons donc !

— Parole d'honneur ! Moi qui vous parle (et le Captain Cap vous dira si je suis un blagueur), je suis arrivé, jouant des airs espagnols sur la guitare, à me faire accompagner par des moules jouant des castagnettes.

— Voilà ce que j'appelle un joli résultat !

— Entendons-nous !... Je ne dis pas positivement que les moules jouaient des castagnettes ; mais par un petit choc répété de leurs deux valves, elles imitaient les castagnettes, et très en mesure, je vous prie de le croire. Et rien n'était plus drôle, messieurs, que de voir tout un rocher de moules aussi parfaitement rythmiques !

— Je vous concède que cela ne devait pas constituer un spectacle banal.

Pendant tout le récit du chef de musique du *Goubet*, Cap n'avait rien proféré, mais son petit air inquiet ne présageait rien de bon.

Il éclata :

— En voilà-t-y pas une affaire, de dresser des moules ! C'est un jeu d'enfant !... Moi, j'ai vu dix fois plus fort que ça !

Le chef de musique du *Goubet* ne put réprimer un léger sursaut :

— Dix fois plus fort que ça ? Dix fois ?

— Mille fois ! J'ai vu en Californie un bonhomme qui avait dressé des oiseaux à se poser sur des fils télégraphiques selon la note qu'ils représentaient.

— Quelques explications supplémentaires ne seraient pas inutiles.

— Voici : mon bonhomme choisissait une ligne télégraphique composée de cinq fils, lesquels fils représentaient les portées d'une partition. Chacun de ses oiseaux était dressé de façon à représenter un *ut*, un *ré*, un *mi*, etc. Pour ce qui est des *temps*, les oiseaux blancs représentaient les *blanches*, les oiseaux noirs les *noires*, les petits oiseaux les *croches*, et les encore plus petits oiseaux les *doubles croches*. Mon homme n'allait pas plus loin.

— C'était déjà pas mal !

— Il procédait ainsi : accompagné d'immenses paniers recélant ses volatiles, il arrivait à l'endroit du spectacle. Après avoir ouvert un petit panier spécial, il indiquait le ton dans lequel s'exécuterait le morceau. Une couleuvre sortait du petit panier spécial, s'enroulait autour du poteau télégraphique et grimpait jusqu'aux fils entre lesquels elle s'enroulait de façon à figurer une clef de *fa* ou une clef de *sol*. Puis l'homme commençait à jouer son morceau sur un trombone à coulisse en osier.

— Pardon, Cap, de vous interrompre. Un trombone à coulisse ?...

— En osier. Vous n'ignorez pas que les paysans californiens sont très experts en l'art de fabriquer des trombones à coulisse avec des brins d'osier ?

— Je n'ai fait que traverser la Californie sans

avoir le loisir de m'attarder au moindre détail ethnographique.

— Alors, à chaque note émise par l'instrument, un oiseau s'envolait et venait se placer à la place convenable. Quand tout ce petit monde était placé, le concert commençait, chaque volatile émettant sa note à son tour.

La petite patronne de l'*Australian Wine Store* semblait au comble de la joie d'entendre une si mirifique imagination, et comme nous manifestions une vague méfiance, elle se chargea de venir au secours de Cap avec ces mots qu'elle prononça gravement :

— Tout ce que vient de dire le Captain est tout à fait vrai. Moi, je les ai vus, ces oiseaux mélomanes. C'était, n'est-ce pas, Cap? sur la ligne télégraphique qui va de *Tahdblagtown* à *Loofock-Place*.

LE CLOU DE L'EXPOSITION DE 1900

(PROJET CAP)

— Dites-moi, Captain, êtes-vous au courant des différents projets déposés en vue de l'Exposition de 1900 ?

— Je les connais depuis longtemps. Tous font preuve d'une imagination assez misérable, sauf, pourtant, celui de mon ami Otto, qui consiste en une immense escarpolette balançant des familles entières du Trocadéro à l'École militaire. Ça, ça n'est pas banal !

— En effet !... Et vous, Captain, prendrez-vous pas part à ce pacifique tournoi ?

— J'y compte bien... Pour le moment, j'ai deux entreprises, une petite et une grande.

— La petite, d'abord ?

— Oh ! rien. Un nouveau pneu à musique.

— Tiens, tiens !

— Oui, une série de petits accordéons que j'introduis dans l'intérieur du pneu, et qui font une musique fort divertissante, ma foi.

— Mais ce sera toujours le même air ?

— Pas du tout ! Au moyen d'un mécanisme ingénieux et grâce à un simple déclic, le veloceman pourra changer d'air à son gré.

— Mes félicitations, Captain, pour cette à la fois simple et charmante idée. Voilà des pneux (1) qui seront plus gais que les *pneux Mony*, une bien détestable marque, principalement la nuit, sur route, par les temps humides.

D'habitude, le Captain Cap se refuse à goûter les plaisanteries qui résident seulement en un jeu de mots. Cette fois, il ne broncha pas et même il ajouta :

— Tenez, un bon et solide pneu, c'est le pneu gordien. On n'en vient à bout qu'à coups de sabre.

Après avoir souri, comme il convenait, de chacun notre plaisanterie, nous revînmes à des sujets plus austères.

— Et votre grande idée, Cap ?
— Ah voilà !

Je dus insister.

— Ma grande idée, oui, vous avez raison, c'est

(1) J'écris *pneux* et non *pneus* ainsi que le font la plupart des bécanographes. Les mots en *eu* prennent un *x* au pluriel. Je ne vois pas pourquoi on ferait une exception pour *pneu*.

une grande idée, car c'est la solution de la navigation aérienne, tout bêtement !

— Un ballon dirigeable ?

— Pauvre enfant !

— Un aréostat avec force motrice tournant des ailes ?

— Idiot !

— Soyez poli, Captain !

— Idiot, vous dis-je !... Avez-vous jamais vu des nuées de sauterelles ?

— Jamais !

— Eh bien, mon appareil, c'est une nuée de sauterelles, dix millions de sauterelles que j'enferme dans un immense sac de gaze (de la gaze verte, bien entendu, pour ne pas fatiguer la vue de mes sauterelles).

— Bonne précaution !

— Ce sac de gaze est maintenu par une gigantesque armature en bambou, à laquelle Comiot est en train de travailler.

— Excellent constructeur, ce Comiot !

— Et non seulement il y a des sauterelles dans mon sac, mais aussi des puces, parce que les puces ont la singulière propriété d'aviver fortement l'activité des sauterelles. Le saviez-vous ?

— J'ignorais ce détail.

— Chaque sauterelle représente environ, et sans se fatiguer, un excédent de force ascensionnelle de 1 gramme. Dix millions de sauterelles représentent donc une force utilisable de dix mille kilos. Hein ?

— Épatant !... Mais une simple objection, Captain ?

— Allez-y.

— Comment dirigez-vous tout ce petit monde-là, quand vous voulez aller au Nord et que les sauterelles se sentent un goût prononcé plutôt pour le Sud ?

— Rien de plus simple ! Les sauterelles ont l'horreur du sulfure de carbone. Alors, au moyen d'un vaporisateur *ad hoc*, j'empoisonne l'atmosphère de la direction adverse à celle que je souhaite. Veux-je me diriger vers l'Est ? je pulvérise cette puanteur sur le côté Ouest du sac, et si vous les voyiez se tirer des ailes !...

— Et quand vous voulez vous arrêter ?

— Des courroies, à ma volonté, compriment la gaze et paralysent graduellement les efforts de mes insectes.

— Tous mes compliments, Captain ; votre idée est géniale.

— Ah ! voilà, c'est que je ne suis pas sorti de Polytechnique, moi !

COMMENTAIRES INACRIMONIEUX

SUR UNE INSTRUCTION

DU GÉNÉRAL POILLOÜE DE SAINTE-BELLONE

Si l'heure sonne, à jamais bénie, de la revanche ; si, quelque jour, ceux de France volent vers l'Est à l'espoir de reconquérir les chères sœurs perdues (N'y pensons jamais, parlons-en toujours ! a dit Gambetta !) ; si... (pour la suite, voir les œuvres de Déroulède, première manière).

Si donc — pour me résumer — on déclare un jour la guerre à une grande nation voisine, qu'il me paraît superflu de désigner plus clairement, certes — oh ! que certes ! — je ferai mon devoir de patrouillotte, mais je demanderai à le faire au sein du douzième corps d'armée, commandé par mon vieux camarade le général Poilloüe de Saint-Mars, un vaillant guerrier, qui joint à sa loyale épée un joli bout de plume.

Un de mes lecteurs m'adresse un journal de Limoges où s'étale une merveilleuse instruction de ce général en chef sur le tir.

Rien ne saurait m'étonner du général de Saint-Mars. Est-ce pas lui qui l'année dernière commençait une circulaire par cette phrase prestigieuse et non dénuée d'imprévu :

Certes, en temps de guerre, le pied du fantassin aurait une importance capitale, etc... (sic).

Mais revenons à l'instruction du même sur le tir, car elle est fertile en perles de tous orients.

Le début n'en est pas vilain :

Le cycle de l'instruction du tir va se fermer; c'est le moment d'examiner ce qui a été fait en 1894, afin de profiter en 1895 de notre expérience de l'année écoulée.

Le fait est qu'on ne saurait choisir un moment plus propice.

Sautons quelques lignes à pieds joints et arrivons à une phrase d'une mansuétude plutôt relative, mais d'images étrangement fortes :

Le tissu des trajectoires couvrira le champ de bataille d'une nappe de fer et de plomb qui pourra devenir infranchissable en pays découvert, mais qui restera toujours déchirée et trouée par les accidents du sol naturel et du sol remué par l'outil.

Ça, c'est embêtant, de songer que des gens à

l'abri pourront peut-être ne pas être tués tous, tous, tous ! C'est embêtant, réellement embêtant !

Il n'y a pas que les fantassins qui seront embêtés de ne pas tuer tout le monde. Les cavaliers et les artilleurs aussi rencontreront des occasions de déboire :

Le cavalier et l'artilleur dominent les plaines, mais ne sont qu'au second rang (ô honte! ô désespoir!) *dans les régions mouvementées* (sic) *où le premier perd sa vitesse, le second ses vues, sa puissance destructive au loin et où tous les deux deviennent alors inaptes à bénéficier* (bénéficier !) *du terrain.*

Le couplet qui suit flatte assez mon esthétique de contribuable :

... Vous aurez alors assuré la sécurité de la patrie sur une base inébranlable, en dépensant seulement vos trésors d'intelligence et de bonne volonté, ce qui sera plus économique pour la France et moins banal que les demandes de crédits.

Un truc, ensuite, pour diminuer le poids des corps :

Votre fusil est excellent et d'une puissance terrible. Si vous le trouvez un peu lourd, allégez-le en le faisant manier constamment et dans tous les exercices par son détenteur.

Archimède n'aurait pas *euréké* ça.

Si l'instruction du général de Saint-Mars est rigoureusement suivie, les recrues ne s'embêteront pas, cet hiver, au tir réduit. Voyez plutôt :

Mettez tous vos soins à embellir et à perfectionner vos stands de tir réduit et toute votre ingéniosité à en faire un exercice attrayant pour les soldats.

Un bar servi par des dames, entre autres, et un lapin qu'on gagnerait chaque fois qu'on met dans le mille !

Plus pittoresque encore :

Ce n'est pas seulement les tireurs académiques debout, à genoux, couchés, qu'il s'agit de former, non ; ce qu'il nous faut, c'est le TIREUR PANTHÈRE, *courant, rampant, bondissant et cependant restant toujours maître-expert de cette trajectoire qui, dans ses mains habiles, est comme une lance de toutes les dimensions jusqu'à 3,000 mètres, dont il dirige à son gré les coups irrésistibles.*

Le *Tireur Panthère*, hein ! Quel numéro, mon vieux Charles D..., pour les Folies-Bergère !

Passons encore et arrivons au couplet final, digne des autres :

En résumé, je demande à l'infanterie du 12ᵉ corps d'armée de concentrer tous ses efforts et tous ses moyens pour donner son maximum d'effet au fusil, ce sceptre de la reine des batailles, et dans ce but, je fais appel à toutes les initiatives et à toutes les bonnes volontés.

Le *fusil, ce sceptre de la reine des batailles !* Voilà un mot de la fin comme je voudrais en avoir tout le temps !

ESSAI SUR MON AMI GEORGE AURIOL

Je suis allé, hier, visiter l'Exposition des Femmes peintres et sculpteurs.

(*Ouverte du 19 février au 18 mars, de 10 h. à 5 h., Palais des Champs-Élysées, pavillon Nord-Est, porte n° 5.*)

Et je me suis rappelé, souriant, une petite aventure qui nous y advint, à George Auriol et à moi, voilà deux ou trois ans.

Ceux de nos abonnés (ou acheteurs au numéro) de l'étranger qui voudraient se faire une idée exacte de M. George Auriol (je ne parle pas, bien entendu, des Parisiens et de beaucoup de provinciaux pour qui la physionomie du jeune et éminent japonisant est devenue, en quelque sorte, classique), n'ont qu'à se représenter M. le comte de Douville-Maillefeu, ou plutôt ce qu'il était, M. le comte de Douville-Maillefeu, il y a trente-cinq ans.

La ressemblance ne s'arrête pas à une simple

analogie physique : un observateur digne de ce nom pourrait constater, chez ces deux hommes, le même enjouement, une équivalente exaspérabilité.

Pas plus de rancune chez l'un que chez l'autre : le dos tourné, ils n'y pensent plus.

Lecteur lointain, si jamais tu rencontres Auriol, n'oppose aucun barrage au torrent de ses assertions, si chimériques qu'elles te semblent ; tu serais traité, sur l'heure, à toi seul, de *tas de m.........!* ou de *espèce de t.....!* grossièretés purement décoratives, ne signifiant aucunement que tu vis de libéralités féminines ou que tu entretiens avec les gens de ton propre sexe des relations coupables.

Laisse passer l'orage et, bientôt, Auriol te reconnaîtra, de la meilleure grâce du monde, un gentleman tout à fait incapable de la plus mince turpitude.

Pour ce qui est de l'enjouement, Auriol rendrait des milliards de points à des cages entières de ouistitis en goguette.

Pas fier pour un sou, Auriol n'admet l'existence d'aucune barrière sociale, mondaine ou autre, et vous l'étonnez prodigieusement avec vos *ça ne se fait pas*, quand il aborde un gros monsieur riche (complètement inconnu de lui et fumant un gros cigare) avec ces mots :

— Vous n'auriez pas son frère ?

Neuf fois sur dix, d'ailleurs, le gros monsieur riche, un peu interloqué, tire de sa poche un pur havane, l'offre à Auriol qui l'allume en disant, connaisseur : fameux !

Le passe-temps favori de George Auriol, dans la rue, consiste, lorsqu'il passe devant des épiceries, à plonger sa main dans des sacs contenant des lentilles ou tel autre légume sec.

C'est, dès lors, une série sans trêve de petits bombardements sur le chapeau des passants ou la glace des magasins.

Quand, par malheur, une boutique de verrerie (cristaux et porcelaines) se trouve sur l'itinéraire de George Auriol, à un moment où George Auriol détient encore un fort contingent de lentilles, George Auriol n'hésite pas : d'un seul coup, d'un seul, comme dit Coppée, George Auriol projette violemment toute sa provision sur la partie la mieux garnie du magasin.

Si vous n'avez pas, personnellement, passé par ce joyeux tumulte, impossible de vous faire la moindre idée du fracas, total résultant des chocs de chaque haricot avec chaque cristal. Extrêmement impressionnant !

Vous voyez donc qu'on peut passer des matinées entières, et même des après-midi, avec George Auriol, sans s'embêter une seconde.

En sa compagnie, les aventures se succèdent, ne ressemblant pas aux précédentes et ne faisant nullement prévoir les suivantes.

C'est ainsi qu'un jour, nous fûmes abordés,

Auriol et moi, par deux jeunes filles pas jolies, peut-être même pas gentilles, mais drôles ! Deux drôles de jeunes filles, quoi !

Elles vinrent droit à nous et, sur un ton de gai reproche :

— Vous savez, messieurs, que vous avez été très bêtes, l'autre jour ! Ce que papa nous a enlevées, quand on a été rentré à la maison !

D'abord, nous pensâmes que les jeunes filles nous *prenaient pour un autre* et nous ripostâmes par des réponses vagues et peu compromettantes. L'une d'elles nous demanda :

— On vous reverra un de ces jours ?

— Oh ! certainement !

— Surtout pas de blagues, si papa est là !

Et les drôles de fillettes nous quittèrent sur un vigoureux *shake-hand*.

Certainement, nous les avions vues quelque part, mais où ?

Quelques jours plus tard, le mystère se dissipa.

Après déjeuner, Auriol avait eu une idée...

— Si nous allions revoir l'Exposition des Femmes peintres et sculpteurs.

— Comme tu voudras.

Et nous voilà partis, Auriol et moi.

Tous les deux, nous aimons beaucoup cette exposition, moins pour l'exposition elle-même (bien qu'il s'y rencontre des œuvres de réelle valeur, les aquarelles de madame Cécile Chennevière, entre autres) que pour le public qu'on y coudoie.

Des grosses dames très comiques, avec, bravement, au point culminant de leur mamelle gauche, le ruban violet d'officier d'académie.

Aussi d'autres dames moins *fortes* et moins palmées, mais, tout de même, dignes d'intérêt.

Et puis surtout, un flot de drôles de jeunes filles, souvent jolies, parfois étrangement perverses en leur candeur jouée, toujours amusantes à voir passer, à entendre papoter.

Dès notre première visite, Auriol s'était mis au ton de l'endroit.

Il consultait le livret et s'écriait, en imitant les petites mines des dames présentes :

— Ah! voici l'aquarelle de Valentine! Tiens, l'éventail de Jane!... Mais, ma chère, cette petite Lucie est très en progrès!... Pas mal du tout, ses chrysanthèmes!

Or, un jour qu'il s'était écrié :

— Délicieux, ces pastels de Josiane! Délicieux!

Le papa de Josiane était là, tout près, avec Josiane elle-même, et le papa de Josiane avait demandé à sa fille comment ce monsieur la connaissait assez intimement pour l'appeler par son petit nom.

Pour comble de malheur, tout à côté des pastels de Josiane, s'accrochait une petite nature morte de Germaine, et Auriol, avec l'inconscience du jeune âge, avait poussé cette exclamation :

— Bravo, ma petite Germaine, très réussi, ton veau froid ! Réellement, on dirait du veau !

Tu l'as deviné, subtil lecteur, les jeunes filles rencontrées, les drôles de jeunes filles, c'était Josiane, c'était Germaine.

Qu'ajouterai-je ?

Nous revîmes ces pittoresques personnes plusieurs fois, et, — vous me croirez si vous voulez, — elles ne devinrent jamais nos maîtresses.

UNE INDUSTRIE INTÉRESSANTE

D'un seul coup, Cap lampa le large verre de *manitoba* qu'on venait de lui servir, et me dit :

— Alors, ça vous embête tant que ça, la pénible incertitude où vous pataugez !

— Quelle pénible incertitude, dites-moi, Captain ?

— De savoir au juste où vont les vieilles lunes ?

— Moi !... Je vous assure bien, Cap, que les vieilles lunes sont parfaitement libres d'aller où bon leur semble, et que jamais je n'irai les y quérir !

Comme si son oreille eût été de granit, Cap persista :

— Et aussi les neiges d'antan, mon pauvre ami ! L'angoisse vous étreint de leurs destinées !

— Ainsi que le poisson d'une pomme, je me soucie des neiges d'antan... Ah ! certes, Cap, je suis torturé par une hantise, mais d'un ordre plus humain, celle-là, et j'en meurs !

Je croyais que Cap allait s'intéresser à ma peine et m'interroger. Ah ! que non point !

— Et aussi les vieux confetti, n'est-ce pas ? continua-t-il, immuable.

Cette fois, je changeai mes batteries d'épaule, et, pour déconcerter son parti pris, je feignis de m'intéresser prodigieusement au sort des vieux confetti.

— Ah ! les vieux confetti ! m'écriai-je, les yeux blancs. Où vont les vieux confetti ?

Cap tenait son homme.

— Je vais vous le dire, moi, où vont les vieux confetti.

Et pour donner un peu de cœur au ventre de Cap, je priai le garçon de nous remettre deux excellents *manitoba*.

— Les vieux confetti ? Il n'y a pas de vieux confetti, ou plutôt, il n'y en aura plus.

— Allons donc ! Et comment ce phénomène ?

— A cause de la *Nouvelle Société centrale de lavage des confetti parisiens*, dont je préside le conseil d'administration.

— Vous m'en direz tant !

— Rien de plus curieux que le fonctionnement de cette industrie. Je sors de l'usine et j'en suis émerveillé.

— Des détails, je vous prie, Cap !

— Voici, en trois mots : Le lendemain du mardi-gras et autres jours fous, des employés à nous, munis d'un matériel *ad hoc*, ramassent tous les confetti gisant sur le sol parisien et les rapportent au siège social, 237, rue Mazagran.

— Bon.

— On les soumet à une opération préalable qui s'appelle le *triage*, et qui consiste à séparer les confetti secs des confetti mouillés. Les premiers passent au ventilateur, qui les débarrasse de la poussière ambiante : c'est le *dépoussiérage*.

— Je l'aurais parié !

— Ceux-là, il n'y a plus qu'à leur faire subir le *défroissage*, opération qui consiste...

— A les défroisser.

— Précisément ! au moyen d'un petit fer à repasser élevé à une certaine température... Restent les confetti mouillés. On les mène, au moyen de larges trémies épicycloïdales, dans de vastes étuves où ils se dessèchent.

— C'est ce que vous appelez le *desséchage*, hein ?

— Précisément !... Une fois desséchés, les confetti sont violemment projetés dans une boîte dont la forme rappelle un peu celle d'un parallélipipède. Cette boîte est munie d'une petite fente imperceptible de laquelle s'échappe, — un à un, — chacun des petits disques de papier. A la sortie, le confetti est saisi par une minuscule pince à articulation et soumis à l'action d'une mignonne brosse électrique et vibratile. C'est ce que nous appelons...

8

— Le *brossage*.

— Précisément !... Une autre sélection s'impose. Parmi les confetti ainsi brossés, il s'en trouve quelques-uns maculés de matières grasses, phénomène provenant de leur contact avec les ordures ménagères. Ces derniers sont soigneusement séparés des autres.

— C'est ce que vous appelez le *séparage*.

— Précisément !... Les confetti gras sont trempés dans une solution de carbonate de potasse qui saponifie les matières grasses et les rend solubles. Il ne reste plus qu'à les laver à grande eau pour les débarrasser de toute réaction alcaline. Nous obtenons ce résultat au moyen du...

— *Lavage à grande eau*.

— Précisément !... Alors, on les remet à l'étuve, on les repasse au fer chaud...

— Et voilà !

— Vous croyez que c'est tout ?

— Dame !

— Eh bien ! vous vous trompez. L'opération est à peine commencée.

Une nuance d'effroi se peignit dans mes yeux. Le moment sonnait, d'ailleurs, de quelque solide *cock-tail*.

— Vous n'ignorez pas, reprit Cap, combien il est pénible de recevoir des confetti dans la bouche ou dans l'œil ?

— Croyez-moi, j'ai passé par là.

— Désormais, ce martyre sera des plus salutaires. Les confetti, au moyen d'une imbibition dans des liquides de composition variable, acquièrent des densités différentes. Les plus lourds se dirigent vers la bouche, les plus légers dans l'œil (ce calcul fût, entre parenthèses, d'une détermination assez délicate).

— Nulle peine à le croire.

— Les confetti destinés à la bouche sont imprégnés de principes balsamiques infiniment favorables au bon fonctionnement des voies respiratoires.

— Laissez-moi parier que les confetti destinés aux yeux sont chargés d'éléments tout pleins de sollicitude pour les organes de la vue.

— Ah! on ne peut rien vous cacher, à vous!

— A la vôtre, mon cher Cap!

— Dieu vous garde, mon vieil Allais.

LARMES

Un homme, jeune encore, qui cache sous le prestigieux pseudonyme de *Balthazar* une des personnalités les plus en vue des hautes études françaises, veut bien m'adresser, en m'en faisant hommage, un très substantiel et très élégant travail qu'il vient de terminer sur ce sujet : *les Larmes*.

Publier cet opuscule entier serait sortir du léger cadre de mes badinages. Je me contenterai donc de le résumer, en tâchant de lui conserver sa rare saveur et sa hautaine originalité.

M. Balthazar, — conservons-lui ce nom, puisque cela semble lui faire plaisir, — eut un professeur de philosophie dont la devise favorite était : *L'essentiel est de se poser beaucoup de questions.* » Et il s'en posait, le digne homme, paraît-il, des myriades ! Seulement, il ne se préoccupait jamais d'en résoudre une seule.

C'est ainsi qu'un jour il dit à ses élèves :

— L'un de vous, en avalant les siennes, s'est-il parfois demandé *pourquoi les larmes sont salées ?*

Et sur cette cordiale parole, la classe se trouvant terminée, le digne professeur prit congé de ses élèves.

Le jeune Balthazar se piqua au jeu et fit le serment de venir à bout de cette thèse, coûtât que coûtât.

Il éplucha des bibliothèques entières, la *Physiologie psychologique* de Wundt, les *Leçons d'Hydraulique* de Puiseux, les exquises *Perles et larmes* du poète norvégien Bjoernsen, et constata que le problème n'y était point abordé, même de loin.

Des esprits superficiels répondraient : « Eh ! parbleu ! les larmes sont salées parce qu'elles contiennent une forte proportion de chlorures alcalins. »

Nous le savons aussi bien que vous, esprits superficiels ! Mais la question ne gît pas là. Nous nous demandons pourquoi la Providence intima aux larmes d'avoir le goût salé plutôt que tout autre goût.

M. Balthazar employa la méthode indirecte et se dit :

— Les larmes devaient avoir un goût ou ne pas en avoir.

Démontrons d'abord qu'elles devaient avoir un

8.

goût, et ensuite que tout autre goût que le goût salé aurait présenté des inconvénients dans lesquels le ridicule l'aurait disputé à l'odieux.

1° *Les larmes doivent avoir un goût.* — A n'en pas douter. S'imagine-t-on, par exemple, une mère versant des larmes insipides sur le cadavre de son enfant ?

Non, mille fois non, n'est-ce pas ? Eh bien, alors ? (C. Q. F. D.)

2° *Les larmes ne sauraient avoir un autre goût que le goût salé.* — Vous représentez-vous, entre autres, des larmes *acides ?* Les quelques personnes de la société dont une maîtresse grincheuse aurait aspergé le visage de vitriol, d'acide azotique ou même chlorhydrique connaissent les inconvénients résultant du contact trop direct de ces substances avec les tissus si délicats de l'appareil ophtalmique.

Les larmes ne sauraient être *amères.* Nos grands classiques ont tiré un immense parti des *larmes amères*. Or, cette amertume est, ici, purement métaphorique. Si nos pleurs étaient *véritablement* amers, il n'y aurait plus de métaphore et nos romanciers auraient ainsi une image de moins à leur arc. Qui sait même si notre grand Ohnet ne doit pas ses meilleures pages et les plus poignantes à ces trouvailles qu'un long usage n'a pu défraîchir ? La Providence, raisonnablement, pouvait-elle consentir à en priver la langue française ?

Les larmes ne sauraient être *sucrées*. Car les enfants se pleureraient tout le temps dans la bouche. Au lieu de donner un sou au petit Emile pour s'acheter du sucre d'orge, on lui ficherait une claque, et ce serait une économie. Oui, mais où serait la sanction paternelle?

M. Balthazar poursuit son travail dans cet esprit d'une impitoyable logique. Il démontre péremptoirement que les larmes ne sauraient avoir le goût de fromage, ni de groseille, ni de haricot de mouton, ni de tabac à priser, etc., etc...

Sa conclusion est certainement une des plus belles pages qu'on ait écrites en français depuis ces vingt dernières années.

LES VÉGÉTAUX BALADEURS

Il me faut encore revenir une fois sur cette étrange question des plantes qui marchent, question magistralement soulevée par notre ami Octave Mirbeau et brillamment poursuivie par celui qui écrit ces lignes.

Les chroniques que j'ai consacrées à ce phénomène et à la xylose de la *gueule-de-loup* m'ont valu un monstrueux courrier.

C'est à qui me signalera, dans cet ordre d'idées, des observations plus ou moins bizarres.

Impossible, à moins de transformer ce volume en un massif in-folio, de parler de chacune de ces communications.

Mais, dans le tas, deux épîtres m'ont paru dignes d'une sérieuse publicité.

La première émane d'un savant autrichien, le docteur Margulier (*Vien IV, Technikerstrass,* 5), qui veut bien apporter sa contribution à ce chapitre de botanique.

« Je ne connaissais pas, dit en substance le docteur Margulier, le *cucumis fugax* signalé par M. Mirbeau et par vous, mais le fait n'a rien qui puisse me surprendre, moi qui ai vu, dans les Indes, des forêts entières se déplacer à raison de trois ou quatre cents pieds par jour.

» Les forêts en question sont composées de l'espèce d'arbre appelé *pandanus furcatus*, remarquable par la rapidité extraordinaire du développement de ses tiges.

» Cet arbre se déplace au moyen de ses racines aériennes.

» Quand le sol où se trouve le *pandanus furcatus* est épuisé, l'arbre laisse dépérir son tronc, après avoir jeté des racines aériennes dont une, à son tour, sert à la plante comme nouveau tronc.

» Par ce procédé qui se répète à plusieurs reprises, l'arbre est en état de marcher à son gré, dans une direction quelconque.

» Les Hindous racontent même que ces arbres commencent à marcher dans le cas où l'on a abattu quelques-uns d'eux, comme si, poussés par l'instinct de conservation, ils voulaient échapper au danger. »

Le fait que me signale le docteur Margulier ne relève pas, comme on pourrait le croire, du domaine de la fantaisie.

Le professeur Baillon, de la Faculté de Médecine, avec lequel je déjeunais ce matin, m'en a affirmé la parfaite réalité.

Autre communication, pour laquelle le professeur Baillon n'a pas cru devoir se porter garant.

Mon correspondant a fait ses expériences à Londres, qu'il habite en ce moment, 15, Onslow Place S. W., dans un petit parc attenant à sa maison d'habitation.

Il a arrosé ses plantes avec des liquides de composition animale, soit du sang des bêtes, soit de l'eau dans laquelle on a fait bouillir des matières zoïques. (Et dans ce dernier cas, on a une occasion véritablement précieuse d'employer le mot *bouillon de culture*).

Un *drosera* (plante carnivore, comme chacun sait) fut arrosé avec du sang d'antilope. Après huit jours de ce traitement, le *drosera* filait un beau soir avec la rapidité du zèbre lancé d'une main sûre.

Une autre plante, arrosée avec de la soupe à la tortue (*tutle soup*), se mit à se promener dans le jardin, mais plus lentement, comme de juste.

Quant au court-bouillon, dans lequel on avait fait cuire des écrevisses, rien ne fut plus comique, dit mon correspondant — et je n'ai aucune peine à le croire — que de contempler les arbustes soumis à cet arrosage se mettre à marcher à reculons.

Mon correspondant ajoute d'ailleurs qu'il met la

dernière main à un livre où sont consignées, tout au long, ces curieuses observations.

Cet ouvrage paraîtra prochainement chez Charpentier et Fasquelle et sera intitulé : *les Horticoles*.

L'AUTO-BALLON

Ce pauvre Captain Cap commençait à me raser étrangement, avec ses aérostats, ses machines volantes, planantes et autres, qui m'indiffèrent également.

J'allais prendre congé sur un quelconque motif, quand un gentleman d'aspect robuste, et qui avait semblé prendre un vif intérêt aux grandes idées de Cap, se leva, s'approcha, nous tendant le plus correctement du globe sa carte, une très chic carte de chez Stern, sur laquelle on pouvait lire ces mots :

Sir A. Kashtey

Winnipeg.

Nous aimons beaucoup le Canada, Cap et moi, et la rencontre d'un Canadien, même d'un Canadien anglais, nous transporte toujours de joie.

Aussi accueillîmes-nous le nouveau venu d'une mine accorte.

Quand nous eûmes échangé les préliminaires de la courtoisie courante :

— C'est que, continua sir A. Kashtey, l'aérostation, ça me connaît un peu !... J'en ai fait jadis dans des conditions peut-être uniques au monde !

Je vis Cap lever d'imperceptibles épaules... *Conditions uniques au monde!...* Téméraire étranger, va !

Sans se laisser démonter, Kashtey ajouta :

— Le particulier de mon ascension, c'est que le ballon c'était moi-même.

Du coup, Cap fut visiblement gêné. Sa mémoire, consultée à la hâte, ne recélait nul analogue souvenir, et son imagination, pourtant si fertile, nulle idée ingénieuse.

Sir A. Kashtey, après avoir eu la politesse de faire remplir nos verres, dit encore :

— Il y a une dizaine d'années de cela... Je commandais le brick *King of Feet*, chargé d'acide sulfurique, à destination d'Hochelaga. Une nuit, à l'embouchure du Saint-Laurent, nous fûmes coupés en deux, net, par un grand steamer de la *Dark-Blue Moon Line* et nous coulâmes à pic, corps et biens.

— Triste !

— Assez triste, en effet ! Moi j'étais chaussé de mes grosses bottes de mer en peau de loup-phoque, imperméables si vous voulez, mais peu indiquées pour battre le record des grands nageurs. Je fus néanmoins assez heureux pour flotter quelques instants sur une pâle épave. A la fin, engourdi par le froid, je fis comme mon bateau et comme mes petits camarades : je coulai. Mais... écoutez-moi bien, je n'avais pas perdu une goutte de mon sang-froid, et mon programme était tout tracé dans ma tête.

— Vous êtes vraiment un homme de sang-froid, vous !

— J'en avais énormément dans cette circonstance : la chose se passait fin décembre.

— Très drôle, sir !

— Du talon de ma botte, je détachai de la coque de mon brick un bout de fer qu'après avoir émietté dans mes mains d'athlète, j'avalai d'un coup. Doué, à cette époque, d'une vigueur peu commune, j'empoignai une des touries naufragées d'acide sulfurique et j'en avalai quelques gorgées.

— Tout ça, au fond de la mer ?

— Oui, monsieur, tout ça au fond de la mer ! On ne choisit pas toujours son laboratoire... Ce qui se passa, vous le devinez, n'est-ce pas ?

— Nous le devinons ; mais expliquez-le tout de même, pour ceux de nos lecteurs qui ne connaissent M. Berthelot que de nom.

— Vous avez raison !... Chaque fois qu'on met en contact du fer, de l'eau et un acide, il se dégage de l'hydrogène... Je n'eus qu'à clore hermétiquement mes orifices naturels, et en particulier ma bouche ;

au bout de quelques secondes, gonflé du précieux gaz, je regagnais la surface des flots. Mais voilà !... Comme dans la complainte de la famille Fenayrou, j'avais mal calculé la poussée des gaz. Ne me contentant pas de flotter, je m'élevai dans les airs, balancé par une assez forte brise Est qui me poussa en amont de la rivière. Ce sport, nouveau pour moi, d'abord me ravit, puis bientôt me monotona. Au petit jour, j'entr'ouvris légèrement un coin des lèvres, comme un monsieur qui sourit. Un peu d'hydrogène s'évada; me rapprochant peu à peu de mon poids normal, bientôt, je mis pied à terre, en un joli petit pays qui s'appelle Tadousac et qui est situé à l'embouchure du Saguenay. Connaissez-vous Tadousac?

— Si je connais Tadousac! Et la jolie petite vieille église ! (la première que les Français construisirent au Canada). Et les jeunes filles de Tadousac qui vendent des photographies dans la vieille petite église au profit de la construction d'une nouvelle basilique !

(Et même, si ces lignes viennent à tomber sous les yeux des jeunes filles de Tadousac, qu'elles sachent bien que messieurs P. F., E. D., B. de C., A. A. ont gardé d'elles un souvenir imprescriptible.)

Sitôt fermée ma parenthèse, le gentleman de Winnipeg termina son récit avec une aisance presque injurieuse pour ce pauvre Cap :

— Dès que j'eus mis pied à terre, j'exhalai le petit restant d'hydrogène qui me restait dans le coffre, et je gagnai la saumonnerie de Tadousac en chantant à pleine voix cette vieille romance française que j'aime tant :

Laissez les roses aux rosiers
Laissez les éléphants au lord-muire.

UNE PINCÉE D'AVENTURES RÉCENTES

Est-ce que — là, franchement ! — ça ne vous ennuierait pas trop que je vous conte mon après-midi de dimanche dernier ?

Au contraire ! vous récriez-vous gentiment.

Je ne vois, dans votre charmante protestation, qu'une aimable courtoisie ; je semble la tenir pour argent comptant... et je marche.

Le matin, j'avais reçu un mot d'une préalable petite bonne amie à moi, désormais en province, épisodiquement à Paris, et pour laquelle je conservais je ne sais quelle tendresse inaltérable. (*Inaltérable* est excessif, on le verra tout à l'heure.) (1).

« Forcée de partir lundi au lieu de mardi, si tu veux nous voir, viens dimanche après-midi, foire au pain d'épices. Y serai avec ma sœur. Bien le divin tonnerre si on ne se rencontre pas ! »

(1) Comme c'est loin, tout ça !

Étrange rendez-vous, manquai-je pas d'observer ; mais je suis fait à ces façons, toujours d'imprévu.

Je déjeunai chez Léon Gandillot.

(Tous les dimanches que je suis à Paris, je prends mon repas du dimanche matin chez le jeune et déjà célèbre auteur dramatique.)

Je sortis de chez cet homme de théâtre sur le coup de deux heures.

Rue des Martyrs, pas un sapin !

Faubourg Montmartre, pas un sapin !

Aux boulevards, pas un sapin !

Ah ! c'était gai !

Et l'Heure, qui n'a pas besoin de voiture pour marcher, elle, s'avançait à grands pas.

Quand je dis *pas un sapin*, entendons-nous. Il en passait des tas, mais tous lotis de leurs voyageurs. Alors, c'est comme s'il n'en eût point passé ?

Soudain...

Un peu avant la Porte-Saint-Denis, stoppa un fiacre découvert qui se dégorgea de son client.

Le jaguar le plus déterminé de la jungle ne se fût point approché en moins de temps (qu'il n'en faut pour l'écrire) que je ne le fis.

Trop tard, hélas !

Une vieille petite bonne femme, pleine de respectabilité et sur la robe de soie de laquelle s'allongeait une chaîne d'or du bon vieux temps, indiquait déjà sa destination au cocher.

J'entendis qu'elle allait boulevard de Charonne. Justement, ma direction !

— Pardon, madame, fis-je, la face emmiellée de mon plus lâche sourire, est-ce que...

Et je lui expliquai la situation.

— Mais, comment donc ! acquiesça l'exquise créature.

Je m'installai.

La petite vieille était loquace.

Elle allait voir sa fille et son gendre, récemment installés dans une des meilleures maisons du boulevard de Charonne, maison dans laquelle ils avaient fichtre bien fait trente mille francs de frais.

Nous étions arrivés.

Je voulus payer, ainsi qu'il sied au paladin français.

Mais la petite vieille s'y refusa avec une obstination comique et des raisonnements que je ne m'expliquais point.

Ma foi, n'est-ce pas ?...

Et elle entra dans la maison de sa fille et de son gendre.

Une grande stupeur m'envahit, dès lors.

Cette maison, c'était une maison, — quels termes emploierais-je, grand Dieu ! — c'était une maison de *rapid flirt*, comme on dit à Francisco.

Je n'en dirai point le numéro, parce que ce serait de cette publicité gratuite dont l'abus déterminerait la mort des quotidiens ; mais je puis vous affirmer que c'était un rude numéro. J'en ai encore plein les yeux !

Cinq minutes et je me trouvais place du Trône.

Bientôt, je rencontrai ma jeune amie, qui descendait, toute rose, des Montagnes-Russes.

Nous n'avions pas cheminé plus d'un hectomètre qu'elle me déclarait que *si j'étais venu là pour la raser avec mes observations idiotes, je pouvais parfaitement retourner à l'endroit d'où je venais. Et puis, voilà !*

Ce à quoi je répondis, sans plus tarder, qu'*elle avait toujours été et qu'elle ne serait jamais qu'une petite grue; que, d'ailleurs, j'avais depuis longtemps copieusement soupé de sa fiole. Et puis, voilà !*

Et nous nous quittâmes sur un froid coup de chapeau de moi, accueilli par un formidable haussement d'épaules de sa part.

Pas p'us de voitures pour s'en aller que je n'en avais trouvé pour venir.

Au reste, un peu énervé et ne sachant que faire de ma vesprée, je n'étais pas fâché de marcher un peu.

Je dégringolai à pied le boulevard Voltaire, le joyeux et bien parisien boulevard Voltaire.

Arrivé place de la République, j'aperçus un de ces grands omnibus qui vous mènent de certains points déterminés à la gare Saint-Lazare, ou de la gare Saint-Lazare à ces mêmes points déterminés.

Jamais je ne m'étais servi de ce mode de locomotion.

Il y avait donc là une occasion unique de débuter dans la carrière, puisque je devais dîner le soir à Maisons-Laffitte.

Je m'installai sur l'impériale.

Mais voilà-t-il pas... Tais-toi, ma rancune.

Voilà-t-il pas que, boulevard des Italiens, j'aperçus des gens que j'avais intérêt à rencontrer.

J'émis la peu farouche prétention de descendre.

— Pardon, fit le conducteur, vous n'avez pas le droit de descendre avant la gare Saint-Lazare.

— Je n'ai pas le droit de descendre ? Je n'ai pas le droit de descendre où je veux ?

— Non, monsieur.

— Eh bien ! nous allons voir ça !

J'allais employer la violence quand je fus séduit par l'étrangeté de la situation.

Un citoyen français, libre, innocent, ayant payé sa place, n'aurait pas le droit de descendre d'une voiture *publique*, à tel moment qu'il lui plairait !

— Non, monsieur.

Tous les voyageurs me donnaient tort et semblaient prendre en pitié ma déplorable ignorance.

Un vieux monsieur, officier de la Légion d'honneur, me demanda :

— Vous êtes étranger, sans doute ?

— Mon Dieu, monsieur, je suis étranger sans l'être, étant né dans le Calvados de parents français.

Le vieux monsieur mit une infinie bienveillance à m'expliquer le monopole de la Compagnie des Omnibus et une foule de patati et de patata, le tout dans une langue et avec des idées d'esclave qui accepte le monopole du même dos que les nègres de la Jamaïque acceptent les coups de matraque.

Comme, après tout, je m'en fichais, je pris mon parti de l'aventure, décidé à m'amuser de la fiole de ce vieillard décoré mais servile.

— Moi, monsieur, m'écriai-je, je suis un homme libre, et je ne me laisse pas épater par l'œil des barbares !

Il ne comprenait pas bien.

Je repris :

— Alors, vous, monsieur, vous êtes de ceux qui sanctionnent le monopole par la voie de la séquestration ambulante ?... Car, je suis séquestré ! Ambulatoirement, j'en conviens, mais enfin, je suis séquestré !

Je ne sais ce qui se passa dans la tête de mon bonhomme, à ce moment. Il se leva, fit signe au conducteur de me laisser descendre, ajoutant :

— Je prends ça sur moi.

C'était peut-être une grosse légume.

UNE VRAIE POIRE

Tout à coup, ce gros petit bonhomme joufflu qui n'avait pas desserré les lèvres depuis une heure qu'il était devant moi, poursuivit ainsi, à voix haute, son *histoire* commencée, sans doute, intérieurement :

— Vous comprenez bien que ça ne pouvait pas durer comme ça plus longtemps !

Et comme il me regardait, je crus qu'il était de la plus élémentaire courtoisie de sembler m'intéresser :

— Ça ne pouvait pas durer plus longtemps comme ça ? m'enquis-je non sans sollicitude.

— Non, mille fois non ! Et à ma place vous en eussiez fait tout autant.

— Je ne sais pas trop ! fis-je par esprit de taquinerie et aussi pour pousser mon interlocuteur à de plus précises confidences.

— Vous auriez agi, riposta le gros petit bonhomme joufflu, comme vous auriez cru devoir agir, et moi j'ai agi comme j'ai cru devoir agir... Et la preuve que j'eus raison d'agir ainsi, c'est que je m'en trouve admirablement, de cette détermination, aussi bien au point de vue physique qu'au point de vue moral... Tenez, je suis, à l'heure qu'il est, un gros petit bonhomme joufflu, n'est-ce pas?... Eh bien! l'année dernière, à la même époque, j'étais un mince petit bonhomme sec.

— Et au moral, donnez aussi une comparaison.

— Mon âme, l'année dernière, ma pauvre âme, n'était pas à prendre avec des pincettes... Aujourd'hui, on en mangerait sur la tête d'un teigneux.

— Alors, vous avez bien fait d'agir ainsi.

— Je suis heureux d'avoir l'approbation d'un homme d'esprit comme vous.

(Devant cette petite déclaration flatteuse, mais si juste, je crus un instant que le petit gros homme joufflu était au courant de ma personnalité. Légère erreur, vite reconnue.)

J'avais fini par m'intéresser aux événements passés sous silence par mon voisin. Tel le lecteur tant passionné par un feuilleton de rencontre qu'il en recherche le début sans tarder.

Mon bonhomme ne se fit pas autrement tirer l'oreille et tomba bientôt dans mon habile panneau (Pleyel).

— Dès mon arrivée à Paris, dit-il, lesté d'un joli petit patrimoine assez rondelet, je fus tout de suite remarquable par le grand nombre de mes amis et de mes maîtresses... Avez-vous jamais vu une pelletée de neige fondre sous le soleil de messidor?

— Je n'oserais l'affirmer.

— C'est fâcheux, car vous auriez ainsi une idée de la rapidité avec laquelle se volatilisèrent mes ors et mes argents au double feu de l'amour et de l'amitié. Un beau jour, mon notaire, qui est un réputé farceur, m'écrivit que j'avais encore, au sein de sa caisse, une belle pièce de 72 francs et quelque chose ; le tout à ma disposition... Voyez-vous ma tête d'ici?

— Comme si j'y étais !

— Eh bien ! vous vous trompez du tout au tout, car, en post-scriptum, mon joyeux tabellion m'annonçait que ma vieille horreur de tante Blanche venait de claquer m'instituant son seul héritier, pour embêter les autres. Joie de mes amis ! Délire de mes maîtresses ! Cette joie, ce délire me parurent provenir de mobiles louches. Était-ce bien pour moi que ces gens se réjouissaient? Serait-ce pas uniquement pour eux ? Un léger examen me confirma dans la probabilité numéro deux. Et c'est alors que je pris la virile attitude dont il a été question plus haut.

— Ah ! nous y voilà !

— Je fis mon compte. J'avais vingt-sept amis et dix-huit maîtresses, tous, en apparence, plus charmants, plus dévoués, plus désintéressés les uns que les autres. Dès que j'entrais quelque part : « Tiens ! voilà Émile ! Viens que je t'embrasse, mon petit Mimile ! Bonjour, Émile ! » Et c'étaient des poignées de main, et des bécots, comme s'il en pleuvait ! Je m'amusai à établir le prix de revient de ces marques d'affection : une poignée de main me revenait, l'une dans l'autre, à 2 fr. 75 ; un bécot, à 11 fr. 30. Ça n'a l'air de rien ; mais à la fin de l'année, avec ce train de maison, on n'a même plus de quoi donner 3 francs à son facteur... Enrayons ! fis-je d'une voix forte. Et à partir de ce moment, tous les jours que Dieu fit (et il en fait, le bougre ! comme dit Narcisse Lebeau), je *saquai* tantôt un ami, tantôt une maîtresse.

— Et allez donc !

— Oh ! je n'agissais pas à l'aveuglette. Je m'étais mis en tête de ne conserver de cette tourbe qu'un ami et qu'une amie, le meilleur et la meilleure ; j'employai le procédé dit *sélection par élimination*. Vous saisissez ?

— Comme un huissier.

— Chaque jour, c'était le plus fripouille de mes camarades ou la plus rosse de mes bonnes amies que j'exécutais froidement... Si bien qu'au bout de quarante-trois jours je n'avais plus à mon actif qu'un bonhomme et qu'une bonne femme, mais, ces deux-là, la crème des crèmes ! Un garçon fidèle, incapable d'une trahison, m'adorant, et toujours prêt à se fiche à l'eau pour moi ! Une fille exquise, folle de moi, ignorante des questions d'argent : en un mot, m'aimant pour moi-même !

— Deux perles, quoi !

— Deux perles du plus pur Orient ! Alors, je les pris avec moi, et nous vivons, tous les trois, dans ma petite propriété, comme de véritables coqs en plâtre.

— Mais au moins, votre ami s'entend-il bien avec votre petite camarade ?

— Dans la perfection !... Encore pas plus tard qu'hier, je les ai trouvés couchés ensemble.

UN PEU DE MÉCANIQUE

Ah ! on ne s'embête pas à l'Académie des sciences !
Je vous donne en mille à quoi ces bougres-là passent leur temps, au lieu de travailler !

D'ailleurs, lisez vous-mêmes.

J'aime autant ça, parce que vous me traiteriez encore de blagueur.

L'extrait suivant est soigneusement découpé dans le *Journal officiel* du 25 octobre, et je n'y change pas un traître mot :

ACADÉMIE DES SCIENCES

Présidence de M. Marey, vice-président

Séance du 22 Octobre.

« M. Marey place sous les yeux de l'Académie une série d'images chronophotographiques (soixante à la minute) représentant les diverses positions que prend uu chat lorsque, placé sur le dos, on le laisse tomber d'une hauteur de 1 m. 50 sur le sol. Le chat se retourne pendant la chute et retombe sur ses quatre pattes. Comment s'effectue cette rotation ? Au point de vue mécanique, quand un corps inerte tombe et qu'aucune force extérieure n'agit, il est impossible qu'il change d'orientation en route. Et cependant le chat retombe sur ses pattes. Il est vrai que ce n'est pas un corps inerte. Cependant, M. Marey soumet le cas à ses confrères de la section de mécanique.

» M. le commandant Guyon explique la rotation du chat par un changement du moment d'inertie dû au déplacement des membres pendant la chute.

» M. Bertrand dit : C'est peut-être cela, parce que l'animal n'est pas un corps inerte, mais c'est à revoir.

» M. Marcel Deprez : Il y a impossibilité mécanique à ce mouvement spontané ; un corps qui tombe ne peut se retourner en chemin sans une force adjuvante. Peut-être l'intestin du chat en se déplaçant joue-t-il un rôle.

» MM. Lœwy, Maurice Lévy, Bertrand, sont d'avis que c'est le chat lui-même qui prend un point d'appui sur la main qui le lâche dans l'espace et imprime à son corps un mouvement de rotation. Il y a en jeu une force initiale.

» M. Marey : On n'en aperçoit pas trace sur les figures. Au premier temps de la chute, les positions du chat n'indiquent aucun commencement de rotation.

» M. Marcel Deprez en revient au déplacement des intestins qui crée une variation du moment d'inertie « Est-ce que vous savez ce qui se passe dans l'intérieur de l'animal ? » dit-il à M. Marey.

» On rit, et il est entendu que le problème vaut la peine d'être élucidé. Pour se mettre en garde contre une impulsion primitive du chat contre la main de l'opérateur, on prie M. Marey de recommencer l'étude chronophotographique en supprimant l'intermédiaire des mains. On attachera le chat à une ficelle que l'on coupera. Et l'on verra bien s'il retombe sur ses pattes. »

. . . .

Eh bien ! et la Société protectrice des animaux !

Je n'assistais pas à cette séance, et je le regrette, car ce devait être follement cocasse de contempler tous ces vieux types se demandant gravement comment les chats font pour retomber sur leurs pattes, quand on les laisse choir de 1 m. 50.

Puisque nous nous occupons de mécanique, je me permettrai de soumettre à M. Marey et autres savants une question qui relève de leur compétence.

Nos lecteurs — surtout ceux qui se trouvaient dans le train — doivent se souvenir de l'effroyable catastrophe d'Appilly.

On apprit, non sans stupeur, que l'accident était dû à une économie peut-être excessive de personnel.

Un seul, en effet, et unique pauvre bonhomme devait accomplir le total fourbi de la station.

Un seul !

Beaucoup de personnes, et vous les premiers, aviez pensé que le record de l'économie était détenu par la Compagnie du Nord.

Eh bien, pas du tout !

Il y a une gare du réseau de l'Ouest où on n'occupe même pas un homme, mais trois quarts d'homme.

Trois quarts d'homme ! Vous avez bien lu.

Et n'allez pas croire à une blague plus ou moins drôle de votre serviteur. Je tiens à la disposition des incrédules (surtout si elles sont très gentilles) la pièce comptable qui m'a révélé cette vive parcimonie.

Le fait se passe à la gare de Touffreville-Criel.

La feuille qu'un de mes lecteurs m'a envoyée avec une lettre trop aimable, est intitulée :

ÉTAT DE SITUATION DU PERSONNEL

(*Journée du 25 octobre à 9 h. au 25 octobre à 9 h.*)

Et dans une des colonnes, on lit :

MANUTENTION ET MANŒUVRES

Nombre d'hommes occupés. .   3/4
Dépense totale 2 83

2 83 pour 3/4 d'homme, cela fait, si je sais encore compter, pour un homme tout entier, 3 fr. 50, somme probablement trop énorme pour la caisse de la Compagnie de l'Ouest.

Quand l'Académie des sciences en aura fini avec la palpitante question du chat qui tombe (oh! n'insultez jamais un chat qui tombe!), je lui serai vivement reconnaissant d'étudier ce problème :

Quand travaillent les 3/4 d'un homme, que fait l'autre 1/4 pendant ce temps-là?

Et après de telles révélations, vous verrez qu'il se trouvera encore des gens pour défendre les monopoles !

PAUVRE GARÇON !

OU LA VIE PAS DRÔLE

— Y a qu'à moi que ça arrive, ces machines-là !

Mon respect bien connu pour la vérité m'oblige à confirmer l'exactitude du dire de mon ami.

Véritablement, il n'y a qu'à lui que ça arrive, ces machines-là !

Des catastrophes ? Non, pas des catastrophes; mais un bombardement sans cesse ni trêve de petites mistoufles comiques, pittoresques et jusqu'alors invues.

Il a fini par en prendre son parti, le pauvre mésaventurier, et lui-même nous conte ses plus récentes histoires avec un bon sourire ahuri, mais résigné.

— Y a qu'à moi que ça arrive, ces machines-là ! conclut-il sagement.

Ça m'est toujours une bonne fortune de le rencontrer, certain que ma soif de nouveau trouvera son compte — un peu cruel, peut-être — au récit d'infortunes inédites.

— Quoi de nouveau, mon vieux? fais-je hypocritement. Toujours content?

— Content?... Tu te moques de moi, dis? Content!... Enfin, *je me fais une raison!* Et toi?

— Parfaitement heureux, merci, plus heureux même que je mérite.

— Ça ne se mérite pas, le bonheur... malheureusement!... Car ça commencerait bien à être mon tour.

— Encore embêté?

— Bien sûr!... Imagine-toi que j'ai couché au poste, lundi dernier.

— Couché au poste, toi! le plus tranquille des hommes!

— Parfaitement! Moi, le plus tranquille des hommes!... j'ai couché au poste!

— Et pour quelle cause?

— Pour cause de soûlographie.

— Pour cause de soûlographie, toi! Le plus sobre des hommes!

— Parfaitement! Moi, le plus sobre des hommes! Couché au poste!... Pour cause de soûlographie!

— Mais, enfin...

— Oh! ça n'est pas bien compliqué, va!... Lundi dernier, je rencontre rue Royale, vers six heures, Cap (Martin), le cousin du Captain. Il me fait entrer à *l'Irish Bar*, et commande un *gin-soda*. Moi, qui ai la profonde horreur de toutes ces saloperies anglo-saxonnes, je demande un simple vermout-cassis... Une heure après, j'étais couché, ivre-mort, au poste de l'Opéra.

— Ivre-mort? Avec un vermout-cassis?

— Parfaitement!... Y a qu'à moi que ça arrive, ces machines-là! Voici ce qui s'était passé : Tu sais que chez Reynolds, on sert le gin dans de grandes carafes qu'on pose devant le client... Moi, prenant ça pour de l'eau, j'ai gorgé mon vermout de ce spiritueux.

— Tu ne t'es pas aperçu en buvant?

— Si... Je me disais : Voilà un vermout-cassis qui a un drôle de goût!... Ça doit être un vermout-cassis américain!... Tu vois ça d'ici!... En sortant, je me suis mis à sauter sur les bancs du boulevard, à embrasser les bonnes femmes dans les kiosques à journaux, et à raconter aux sergots que j'avais connu Félix Faure à la tête d'une maison mal famée de Châtellerault! Tu devines bien qu'à ce train je n'ai pas moisi à l'air libre !

— Mon pauvre vieux !

— Y a qu'à moi que ça arrive, ces machines-là!... Et la semaine dernière, donc !

— Quoi encore?

— Je me commande un complet chez un petit tailleur qu'on m'avait recommandé... Un complet à carreaux épatant! J'étrenne mon costume par une pluie torrentielle, sans parapluie, bien entendu (y a qu'à moi que ça arrive, ces machines-là!). Bon! je vais me sécher à la Bibliothèque nationale, près d'un poêle. Voilà-t-il pas que mon complet, en séchant, se rétrécit, se rétrécit, au point que je semblais m'être vêtu avec le costume volé d'un petit garçon d'une douzaine d'années !

— Ça, ça peut arriver à tout le monde.

— Oui, mais ce qui ne peut arriver qu'à moi, c'est le raisonnement que m'a tenu le tailleur quand je suis allé lui faire des reproches. Comme cet industriel le prenait de haut, assurant que les *waterproofs* n'étaient pas sa spécialité et que, moi, je lui disais simplement et souriant : « Pardon, monsieur, votre marchandise a perdu, sous l'averse, environ vingt pour cent de sa superficie, il serait de toute justice que vous tinssiez compte de cet incontestable déchet, » il me répondit, avec un toupet d'enfer : « Pardon, monsieur, si ma marchandise, au lieu de rétrécir, s'était allongée et élargie, seriez-vous venu de votre plein gré m'apporter une somme proportionnelle et supplémentaire ? » Qu'est-ce que tu veux objecter à ça?

— Rien, mon pauvre ami.

— Je te le disais bien, mon vieux, y a qu'à moi que ça arrive, ces machines-là !

— Et du côté du cœur, au moins, es-tu plus heureux?

— Ah! oui, parlons-en, il est chouette, mon cœur !... Jeudi dernier, je vais dîner dans la famille

Crauck, et je tombe éperdument amoureux d'Odile, l'aînée des jeunes filles...

— Je la connais, la petite Crauck (Odile), charmante!

— Eperdument amoureux! Le lendemain, je la rencontre dans une soirée, et je lui annonce ma visite pour le lendemain. Elle semble un peu étonnée et me demande la cause de cette démarche... Tu sais comme on est bête quand on est très amoureux?

— Je sais.

— Alors, je lui dis : « Mademoiselle, c'est que j'ai laissé quelque chose chez vous. — Quoi donc ? demande-t-elle. — Mon cœur!... » Ça n'était pas, évidemment, très spirituel, mais quand on est sincère...

— Et que t'a-t-elle répondu?

— Jamais tu ne t'en douterais, et si froidement : « Monsieur, a-t-elle dit, je n'ai pas trouvé l'objet dont vous parlez, mais ce soir, en rentrant, je dirai à la bonne de regarder... *Il est peut-être dans les balayures!* »

— Mon pauvre garçon!

— Y a qu'à moi que ça arrive, ces machines-là!

HOMMAGE A UN GÉNÉRAL FRANÇAIS

Je viens de recevoir le *Temps*, un numéro du *Temps*, vieux pour vous, ô Parisiens altérés d'actualité, mais frais encore pour le relégué que je suis en une sorte de Thébaïde lointaine et méridionale.

Vais-je lire le *Temps* ?

Ma foi, non ! Pourquoi lirais-je le *Temps* ?

Et je jette sur les massives colonnes de cet organe crépusculaire un regard distrait.

Mais soudain mon œil s'allume et voilà qu'une vive liesse embrasse mon vieux cœur.

C'est que j'ai aperçu le nom prestigieux de notre brave général Poilloüe de Saint-Mars, commandant en chef le 12ᵉ corps, à Limoges.

Il s'agit cette fois d'une circulaire de ce guerrier pittoresque sur les droits et les devoirs des gardes d'écurie.

Je commence par déclarer, très sérieusement et sans permettre à personne d'en douter, que j'adore le général Poilloüe de Saint-Mars. Il est un des rares généraux français qui mêlent profondément aux choses du service un tout paternel souci d'humanité.

On peut dire de lui que c'est un littérateur rigolo, mais on ne saura jamais prétendre qu'il ne soit pas un brave homme.

Et puis, *littérateur rigolo*, pourquoi ?

Allons, mettons qu'il soit un poète bien personnel, et nous serons dans le vrai.

Est-ce pas d'un poète exquis, ce mot : LA GUÉRITE, CET ÉCRIN DE LA SENTINELLE !

Sa sollicitude pour ses troupes amène, parfois, des épisodes réjouissants, témoin cette histoire que me contait, récemment, un officier du 12ᵉ corps.

L'année dernière, le général Poilloüe, entre mille autres circulaires, en consacrait une aux droits et aux devoirs des *plantons aux cuisines*.

Les plantons devaient s'occuper de ceci et de cela ; mais, par contre, ils avaient droit à ceci et à cela. Principalement, le cuisinier en pied devait remettre au planton, à chaque repas, une large tartine de moelle.

Or, il arriva qu'un planton éprouvait pour la moelle une aversion insurmontable. Mais, fort de la circulaire du général en chef, le cuisinier força l'infortuné à ingurgiter l'horrible corps gras.

Voyez-vous d'ici la scène racontée par Courteline ?

Cette fois, comme je l'ai dit, il s'agit des gardes d'écurie.

Je ne puis publier intégralement cette page magistrale, mais je vais en détacher les deux phrases types, celle du brave homme et celle du poète pittoresque.

Celle du brave homme :

« *Les écuries doivent être aménagées pour le plus grand bien-être des chevaux, mais avant tout, il faut organiser dans ces écuries l'installation confortable des soldats chargés de les surveiller et dont l'existence est plus précieuse que celle de tous les animaux réunis.* »

Bravo, mon général, et très chic !

Combien différent ce langage de celui que tint (*historique*) un colonel de chasseurs, lors des dernières manœuvres :

Un médecin du régiment avait obtenu une permission de quarante-huit heures. Fort de cet exemple, un vétérinaire demanda audit colonel la même faveur qu'on lui refusa avec un entrain non dissimulé.

Et sur l'insistance du vétérinaire :

— Pardon, riposta le colonel, un médecin, ça, on peut toujours s'en passer ; tandis qu'un vétérinaire !.....

Pour clore cette série d'exercices, lisons, relisons, méditons et apprenons par cœur cette phrase, dans la même circulaire du général Poilloüe, qui fera tressaillir d'aise en sa tombe notre vieux Buffon :

« *Les chevaux sont intelligents et observateurs. Quand ils voient leurs gardes d'écurie déguenillés et grelottants, ils savent que les coups vont pleuvoir sur leur dos et que leurs pauvres couvertures vont leur être dérobées par ceux-là mêmes qui ont mission de les soigner. Ils sont craintifs, ne se reposent pas, dépérissent et maudissent avec raison le numéro de leur régiment.* »

Ah ! si l'esprit militaire disparaît, même de l'âme des chevaux !

Pauvre France !

L'ANTIFILTRE DU CAPTAIN CAP

OU

UN NOUVEAU MOYEN DE TRAITER LES MICROBES
COMME ILS LE MÉRITENT

— Y aurait-il indiscrétion, mon cher Cap, à vous demander en quoi consiste le paquet que vous tenez sous le bras ?

— Nullement, cher ami, nullement.

Et avec une complaisance digne des temps chevaleresques, Cap déballa son petit paquet et m'en présenta le contenu, un objet cylindrique, composé de cristal et de nickel, recélant quelques détails assez ténébreux.

— Que pensez-vous que ce soit ? interrogea Cap.

— Ça, c'est un filtre dans le genre du filtre Pasteur.

— Bravo ! s'écria Cap ! vous avez deviné ! vous avez parfaitement deviné, à part ce léger détail, toutefois, qu'au lieu d'être un filtre, cet objet est un antifiltre.

Une vive stupeur muette se peignit sur ma face, et c'est à grand'peine que je pus articuler :

— Un antifiltre, Cap ! Un antifiltre !

— Oui, répondit froidement le Captain, un antifiltre.

— Qu'ès aco ?

— Oh ! mon Dieu, c'est bien simple ! Grâce à cet appareil, vous pouvez immédiatement muer l'onde la plus pure en un liquide jaunâtre et saturé de microbes. Vous voyez d'ici les avantages de mon ustensile ?

— Je les vois, Cap, mais je ne les distingue pas bien.

— Enfant que vous êtes ! Vous croyez à l'antiseptie ?

— Dame !

— Et à l'aseptie ?

— Dame aussi !

— Pauvre niais ! Vous êtes de la force du major Heitner, lequel ne considère potable que l'eau d'abord transformée en glace, puis longuement bouillie dans une marmite autoclave, cela dans l'espoir que tous les microbes disponibles seront morts d'un chaud et froid.

— D'un froid et chaud, vous voulez plutôt dire, Captain ?

— Tiens, c'est vrai, je n'y avais point songé. Ce

major Heitner est encore plus inconséquent que je ne croyais.

Et pour chasser la mauvaise impression de l'inconséquence excessive du major, nous pénétrâmes, Cap et moi, dans un de ces petits *american bars*, qui sont le plus bel ornement de la baie de Villefranche.

Cap reprit :

— La guerre stupide que l'homme fait aux microbes va, d'ici peu de temps, coûter cher à l'humanité.

— Dieu nous garde, Cap !

— On tue les microbes, c'est vrai, mais on ne les tue pas tous ! Et comment appelez-vous ceux qui résistent ?

— Je ne les appelle pas, Cap ; ils viennent bien tout seuls.

— Ah ! vous ne les appelez pas ? Eh bien, moi, je les appelle de *rudes lapins !* Ceux-là sortent de leurs épreuves plus vigoureux qu'avant et terriblement trempés pour la lutte. Dans la bataille pour la vie, les individus qui ne succombent pas gagnent un entraînement et une vigueur qu'ils transmettent à leur espèce. Gare à nous, bientôt !

— A genoux, Cap, et prions !

— Laissons la prière aux enfants et aux femmes. Nous autres, hommes, colletons-nous avec la vérité. Voici ma théorie relative aux microbes : au lieu de combattre ces petits êtres, endormons-les dans l'oisiveté et le bien-être. Offrons-leur des milieux de culture favorables et charmants. Que notre corps devienne la Capoue de ces Annibaux microscopiques.

— Très drôle ça, Cap, les *Annibaux microscopiques!*

— Alors, qu'arrivera-t-il? Les microbes s'habitueront à cette fausse sécurité. Ils pulluleront à l'envi ; mais plus ils seront nombreux moins ils seront dangereux. Bientôt, ils tomberont en pleine dégénérescence...

— Et Max Nordau fera un livre sur eux. Ce sera très rigolo.

— Hein ! Que dites-vous de ma théorie?

— Epatante, Cap ! Paix à tous les microbes de bonne volonté! Et, pour commencer la mise en pratique de votre idée, les microbes aiment-ils l'*irish whiskey cock tail?*

— Ils l'adorent, Alphonse, n'en doutez point !

— Alors, garçon, deux *irish whiskey cock tails !* Et préparez-nous-les, *carefully*, vous savez ?

— Et *largefully*, ajouta le Captain Cap avec son bon sourire.

Si, vraiment, les microbes adorent les boissons américaines, ce fut une bonne journée pour eux.

PATRIOTISME ÉCONOMIQUE

Lettre à Paul Déroulède

Mon cher Paul,

Vous permettez, n'est-ce pas, que je vous appelle *Mon cher Paul*, bien que je n'aie jamais eu l'honneur de vous être présenté, pas plus que vous n'eûtes l'avantage de faire ma connaissance ?

Je vous ai rencontré plusieurs fois, drapé d'espérance (laissez-moi poétiser ainsi votre longue redingote verte). Les pans de cette redingote claquaient au vent, tel un drapeau, et vous me plûtes.

Et puis, qu'importent les présentations ? Entre certaines natures, on se comprend tout de suite ; on essuie une larme furtive, on réprime un geste d'espérance et on s'appelle *Mon cher Paul*.

Comme vous, mon cher Paul, je n'ai rien oublié. Comme vous, je ronge le frein de l'espoir.

J'ai les yeux constamment tournés vers l'Est, au

point que cela est très ennuyeux quand je dîne en ville.

Si la maîtresse de la maison n'a pas eu la bonne idée de me donner une place exposée à l'Est, je me sens extrêmement gêné.

Passe encore si la place est au Nord ou au Midi ; j'en suis quitte pour diriger mes yeux à doite ou à gauche.

Mais quand on me place en plein Ouest, me voilà contraint de regarder derrière moi, comme si mes voisins me dégoûtaient !

Ah ! c'est une virile attitude que d'avoir les yeux tournés vers l'Est, mais c'est bien gênant, des fois !

Enfin, et pour que vous n'ayez aucun doute à mon égard, j'ajouterai que, selon la prescription du grand Patriote, je n'EN parle jamais, mais j'Y pense toujours.

Cela posé, entrons dans le vif de la question.

Vous devez bien comprendre, mon cher Paul, qu'avec le caractère ci-dessus décrit, j'ai la plus vive impatience de voir Français et Allemands se ruer, s'étriper, s'égueuler comme il sied à la dignité nationale de deux grands peuples voisins.

Il n'y a qu'une chose qui m'embête dans la guerre, c'est sa cherté vraiment incroyable.

On n'a pas idée des milliards dépensés depuis vingt-cinq ans, à nourrir, à armer, à équiper les militaires, à construire des casernes, à blinder des forts, à brûler des poudres avec ou sans fumée.

Tenez, moi qui vous parle, j'ai vu dernièrement, à Toulon, un canon de marine dont chaque coup représente la modique somme de 1,800 fr. (*dix-huit cents francs*). Il faut que le peuple français soit un miché bougrement sérieux pour se payer de pareils coups.

Vous l'avouerai-je, mon cher Paul, ces dépenses me déchirent le cœur !

Pauvre France, j'aimerais tant la voir riche et victorieuse à la fois !

Et l'idée m'est venue d'utiliser la science moderne pour faire la guerre dans des conditions plus économiques.

Pourquoi employer la poudre sans fumée, qui coûte un prix fou, quand on a le microbe pour rien ?

Intelligent comme je vous sais, vous avez déjà compris.

On licencierait l'armée, on ferait des casinos dans les casernes, on vendrait les canons à la ferraille. On liquiderait, quoi !

Au lieu de tout cet attirail coûteux et tumultueux, on installerait discrètement de petits laboratoires où l'on cultiverait les microbes les plus virulents, les plus pathogènes, dans des milieux appropriés.

A nous les bacilles virgule, à nous les microbes

point d'exclamation, sans oublier les spirilles de la fièvre récurrente !

Et allez donc !... Le jour où l'Allemagne nous embêtera, au lieu de lui déclarer la guerre, on lui déclarera le choléra, ou la variole, ou toutes ces maladies à la fois.

Le ministère de la guerre sera remplacé, bien entendu, par le ministère des maladies infectieuses.

Comme ce sera simple ! Des gens sûrs se répandront sur tous les points de la nation abhorrée et distribueront, aux meilleurs endroits, le contenu de leurs tubes.

Ce procédé, mon cher Paul, a l'avantage de s'adresser à toutes les classes de la société, à tous les âges, à tous les sexes.

L'ancienne guerre était une bonne chose, mais un peu spéciale, malheureusement : car on n'avait l'occasion que de tuer des hommes de vingt à quarante-cinq ans.

Les gens à qui cela suffit sont de bien étranges patriotes.

Moi, je hais les Allemands ; mais je les hais tous, tous, tous !

Je hais la petite Bavaroise de huit mois et demi, le centenaire Poméranien, la vieille dame de Francfort-sur-le-Mein et le galopin de Kœnigsberg.

Avec mon système, tous y passeront. Quel rêve !

Voyez-vous enfin les chères sœurs reconquises ?

Peut-être que, grâce à mes microbes, les chères sœurs seront dénudées de leurs habitants ?

Qu'importe ! Le résultat important sera obtenu : On n'EN parlera jamais et on n'Y pensera plus !

Enchanté, mon cher Paul, d'avoir fait votre connaissance, et bien du mieux chez vous.

PROPOSITION INGÉNIEUSE

Que le correspondant dont je publie ici la lettre ne s'y trompe pas une minute ! Je sais parfaitement quelle personnalité cache sa modeste signature.

Mais aussi, qu'il se rassure ! je ne la dévoilerai point, cette personnalité.

Détenteur d'une haute situation dans l'Etat (on peut dire, sans crainte d'être taxé d'exagération, qu'il est chef de service), mon correspondant ne relève pas, comme on dit, du domaine de la petite bière.

Sa lettre est l'aimable délassement d'un esprit d'élite et digne, en tous points, du poste important qu'on lui a confié.

Le sort que je fais à sa fantaisie pourra peut-être le déterminer à — si la conversation vient à tomber là-dessus — m'offrir un bureau de tabac ou deux.

Ce que j'en dis, c'est pour les amis, car je ne fume pas, et, ne répondant jamais aux lettres que je reçois, les timbres-poste m'indiffèrent.

« Monsieur le rédacteur,

» Vous êtes certainement un des hommes les plus remarquables de ce temps. Vos articles sont des lumières.

» C'est ce qui m'incite à vous soumettre une idée qui m'est venue et dont je souhaiterais que vous vous fissiez l'ardent zélateur.

» N'êtes-vous pas frappé comme moi — oui, n'est-ce pas ? — du profond discrédit dans lequel est tombée la croix de commandeur de la Légion d'honneur ?

» Ce discrédit, je voudrais le voir disparaître.

» Comment ? En attachant à cette haute distinction une faveur qui la rendrait plus désirable.

» Je voudrais qu'une loi intervînt aux termes de laquelle tout haut dignitaire de la Légion d'honneur ne pourrait plus jamais être cocu.

» Entendons-nous, les femmes de ces dignitaires pourraient continuer de brancher l'os frontal de leur époux ; *mais cela ne compterait pas.*

» Qui pourrait faire obstacle à ma proposition ? Assurément pas les femmes de ces derniers. Elles recouvreraient ainsi plus de liberté pour donner cours aux ...ns de leur cœur et faire un plus grand nombre d...eureux. Quant aux maris, puisque la loi les déclarerait indemnes, ils auraient la double satisfaction de faire plaisir à leurs femmes, et de trouver là, avec un surcroît d'honneur, un surcroît de profits.

» Car d'où leur viendrait, je vous prie, le scrupule qui arrête encore un petit nombre d'entre eux à tirer des charmes de leurs épouses de nouvelles ressources, toujours les bienvenues dans tous les ménages, quels qu'ils soient ?

» Comme la question économique prime tout aujourd'hui, j'ai tenu à prendre l'avis des deux représentants les plus autorisés des écoles actuellement aux prises.

» M. Leroy-Beaulieu craint qu'une pareille loi ne nous attire encore des représailles de l'étranger.

» M. Domergue, à qui j'ai confié les craintes de son éminent adversaire, m'a répondu textuellement :

« Les représailles de l'étranger ? Je m'en f... !
» Mais, comme dans tout pays civilisé il faut, pour
» la bonne tenue des statistiques, qu'il y ait une
» moyenne de cocus déterminée, assez imposante
» pour que nous ne soyons pas dans une situation
» inférieure vis-à-vis des autres nations, je vous
» conseillerais de compléter votre proposition en
» disant que, pour parfaire les manquants, le titre
» de cocu serait attribué d'office à tous les membres
» de l'Académie des sciences morales et politiques,
» et, si cela ne suffit pas, à tous les membres de la
» Société d'économie politique. »

» Comme j'ai infiniment plus de confiance dans le porte-parole de M. Méline que dans le représentant des vieilles doctrines économiques, j'incline à croire que M. Leroy-Beaulieu est hanté de craintes déraisonnablement chimériques.

» Ce qui me courbe à cette conclusion, c'est que toutes les hautes personnalités politiques et sociales consultées par moi approuvent chaudement ma proposition. Le moindre avantage qu'elles y trouvent, c'est d'augmenter les joies du foyer et le bien-être national, ce à quoi tous les bons esprits doivent tendre et s'employer.

» Mais voilà ! Tant vaut l'homme qui lance une idée, tant vaut cette idée ; et, dans toute la presse, je ne vois que vous de capable de donner à la mienne assez de relief et d'autorité pour l'imposer à l'attention d'un Parlement qui a tant de votes inutiles à se faire pardonner.

» Veuillez agréer, Monsieur et cher Maître, l'expression de mes sentiments les plus cordialement formulés.

» Félix. »

Et voilà !

Merci, mon vieux Félix, et à la revoyure !

(Plaisanterie d'un ordre plutôt intime, étant donné le rang social de mon correspondant.)

SIX HISTOIRES DANS LE MÊME CORNET

ou

TOUJOURS LE SOURIRE SUR LES LÈVRES

Mœurs américaines.

Dans le parc de *Rouse's point*. Le soir, assez tard. On entend au loin les accords entraînants de *Washington Post*.

(*Washington Post* est une *new dance* qui fera fureur à Paris cet hiver, vous pouvez m'en croire. Pour s'en procurer la musique avec les instructions, s'adresser à mon vieux camarade Whaley Royce, 158, Yonge street, Toronto. Les personnes qui voudraient éviter les frais de poste toujours coûteux, peuvent aller se procurer elles-mêmes ce morceau. En ce cas, ne pas quitter Toronto sans jeter un coup d'œil sur les chutes d'eau du Niagara, un assez curieux phénomène naturel situé non loin de là.)

Fermons la parenthèse.

— Et vous, miss, vous ne dansez pas, ce soir ?

— Non, pas ce soir.

— Pourquoi cela, miss ?

— Parce que j'ai des chaussettes et pas de pantalon.

— Quelle blague !

— Voyez plutôt, répondit-elle en souriant.

*
* *

Toulouse-Lautrec, le jeune peintre bien connu, a prêté un pantalon à M. Pascalis, le monarchiste célèbre, momentanément gêné.

Bien que le sol fût totalement anhydre et Phœbus aveuglant, Pascalis a relevé le bas du pantalon.

— Pourquoi ? fis-je.

— Pour qu'on ne s'aperçoive pas qu'il est trop court, répondit-il en souriant.

*
* *

Sa femme est gentille comme tout et, pourtant, il la trompe avec une grande bringue d'Anglaise, miss Aline, pas jolie pour un sou, mais dont le nom seul indique assez l'irréductible tendance à la luxure et à la sensualité.

(Miss Aline pourrait arborer la devise de sa vieille homonyme romaine, *Lassata non satiata*, en supprimant, toutefois, *lassata*, car, au contraire, ça la repose, elle.)

Il a pu découcher, l'autre jour (*l'autre nuit* serait plus exact, mais le temps me manque pour rectifier).

Sous le fallacieux prétexte qu'il est vélocipédiste territorial, il a prétendu devoir assister à une manœuvre de nuit du côté de Vaujours, blague infecte dans laquelle sa pauvre petite femme a coupé comme dans du beurre.

Inutile de révéler en quoi consistèrent ces manœuvres de nuit dont la rue Bernouilli fut le théâtre. (Elle en a vu bien d'autres, la rue Bernouilli.)

Et, au retour, la petite femme :

— Ça s'est bien passé ?

— On ne peut mieux.

— Ton pneu ne s'est pas dégonflé ?

— Si, huit fois ! répondit-il en souriant.

*
* *

Lune de miel.

— Dis-moi, ma chérie, à quel moment t'es-tu aperçue, pour la première fois, que tu m'aimais ?

— C'est quand je me suis sentie toute chagrine chaque fois qu'on te traitait d'idiot devant moi, répondit-elle en souriant.

*
* *

Autre lune de miel.

Lui, ardent et tendre.

Elle, bébête.

ELLE. — Alors, c'est bien vrai? Son petit Jujules aime bien sa petite Nini?

LUI. — Mais oui, je t'aime bien!

— Beaucoup, beaucoup?

— Beaucoup, beaucoup!

— Encore plus beaucoup que ça?

— Encore plus beaucoup que ça!

— Alors, comme quoi qu'il l'aime, sa petite Nini?

— Comme un carme! répondit-il en souriant.

* *
*

Parisienne à bord.

Après un flirt assez écourté, elle a consenti à le venir voir en sa cabine.

— Tiens, vous ne tirez pas le rideau sur votre hublot?

— A quoi bon! Ce hublot donne sur la mer immense. Nous sommes à pas mal de milles de la plus prochaine terre. Dieu seul nous voit et ce ne serait pas un pauvre petit rideau qui arrêterait le regard du Tout-Puissant.

Après cette tirade, il enlaça la jeune personne. Mais elle:

— Non, je vous en prie, tirez le rideau.

— Pourquoi?

— Quelquefois qu'il passerait des canotiers! répondit-elle en souriant.

LE FERRAGE DES CHEVAUX

DANS LES PAMPAS D'AUSTRALIE

(*Si tant est qu'il soit des Pampas en Australie*)

— Et vous, Cap, qu'est-ce que vous pensez de tout ça?
— Tout ça... quoi?
— Tout ça, tout ça.....
— Ah oui, tout ça! Eh bien, je ne pense qu'une chose, une seule!
— Laquelle?
— Oh! rien.

Le dialogue dura longtemps sur ce ton. Moi, je me sentais un peu déprimé, cependant que le d'habitude vaillant Captain Cap était totalement aboli.

Cap bâilla, s'étira comme un grand chat fatigué, et je devinai tout de suite ce qu'il allait me proposer : l'inévitable *corpse reviver* en quelque bar saxon du voisinage. Je répondis par ces deux monosyllabes froidement émises :

— Non, Cap !

Cap aurait reçu sur la tête tout le Mont-Valérien, lancé d'une main sûre, qu'il ne se serait pas plus formellement écroulé.

— Comment, bégaya-t-il, avez-vous dit ?

— J'ai dit : *Non, Cap.*

— Alors, je ne comprends plus.

— C'est pourtant bien simple, Cap. Désormais, la débauche, sous quelque forme qu'elle se présente, me cause une indicible horreur. J'ai trouvé mon chemin de Damas. Plus d'excès ! A nous, la norme ! Vivons à même la nature ! Or, la nature ne comporte ni breuvages fermentés, ni spiritueux. Si on n'avait pas inventé l'alcool, mon bien cher Captain, on n'aurait pas été contraint d'imaginer la douche.

Ce pauvre Cap m'affligeait positivement. Ces propos le déconcertaient tant, émis par moi !

De désespoir, il eut à une plaisanterie.

— Non, Cap, vraiment ! insistai-je de pied ferme. Pauvre Cap !

Je perçus qu'il éprouva la sensation *froide et noire* que lui échappait un camarade.

Rassurez-vous, Cap ! Si vous évade le camarade, l'ami vous demeure et pour jamais, car, *moi*, j'ai su voir derrière la soi-disant inextricable barrière de votre extériorisation le cœur d'or pur qui frissonne en vous.

Et, timidement, Cap reprit :

— Vous n'avez rien à faire cet après-midi ?

— Rien, jusqu'à six heures.

— Qu'est-ce que vous diriez qu'on aille faire un tour jusqu'au tourne-bride de la Celle-Saint-Cloud ?

— Pourquoi non ?

Cap et moi, nous avons tout un passé dans ce tourne-bride.

Que de fois le petit vin tout clair et tout léger qu'on y dégustait trancha drôlement et gaiement sur les redoutables *American drinks* de la veille !

Comme c'est loin, tout ça ! et à jamais parti ! Et tant mieux !

Il régnait tout le froid sec désirable pour une excursion dans les environs Ouest de Paris.

Notre petit tricycle à pétrole de la maison X... (*case à louer*) roulait crânement sur la route.

Nous avions à peine franchi les fortifications qu'au cours de je ne sais quelle causerie, le Captain Cap crut devoir comparer son gosier à une râpe, à une râpe digne de ce nom.

J'eus pitié.

Le caboulot où nous stoppâmes s'avoisinait d'une ferrante maréchalerie.

Des odeurs de corne brûlée nous venaient aux narines, et nos tympans s'affligeaient des trop proches et trop vacarmeuses enclumes.

Il y avait trop longtemps que Cap n'avait piétiné l'Europe. Je le laissai dire :

— Il faut vraiment venir dans ce sale pays pour voir ferrer les chevaux aussi ridiculement.

— Vous connaissez d'autres moyens, vous, Cap ?

— D'autres moyens ?... Mille autres moyens, plus expéditifs, plus pratiques et plus élégants.

— Entre autres ?

— Entre autres, celui-ci, couramment employé dans les prairies du centre d'Australie, quand il s'agit de ferrer des chevaux sauvages, des chevaux tellement sauvages qu'il est impossible de les approcher.

— Vous avez vu ferrer des chevaux à distance ?

— Mais, mon pauvre ami, c'est là un jeu d'enfant.

— Je ne suis pas curieux, mais...

— Rien de moins compliqué pourtant. Les maréchaux-ferrants de ce pays se servent d'un petit canon à tir rapide (assez semblable au canon Canet dont on devrait bien armer plus vite notre flotte, entre parenthèses). Au lieu d'un obus, ces armes sont chargées de fers à cheval garnis de leurs clous. Avec un peu d'entraînement, quelque application, un coup d'œil sûr, c'est simple comme bonjour. Vous attendez que le cheval galope dans votre axe et vous montre les talons, si j'ose m'exprimer ainsi... A ce moment, pan, pan, pan, pan ! vous tirez vos quatre coups, si j'ose encore m'exprimer ainsi, et voilà votre *mustang* ferré. Alors, il est tellement épaté, ce pauvre animal, qu'il se laisse approcher aussi facilement que le ferait un gigot de mouton aux haricots.

. . . .

Pauvre Cap ! Dire que je ne le verrai plus qu'à des intervalles séculaires !

A MONSIEUR OUSQUÉMONT-HYATT,

A GAND

Votre lettre, cher monsieur, m'a touché aux larmes, dirais-je, si je ne craignais de me faire railler par mes sceptiques lecteurs et mes gausseuses lectrices.

Et puis, je mentirais en parlant de mes larmes. Votre lettre m'a fait plaisir, bien plaisir, et c'est encore très gentil.

Vous avez la bonté de vous informer de mes travaux, de mes amours, de mes espoirs.

Les Confessions d'un enfant du cycle vont-elles bientôt paraître? demandez-vous.

Et ma fameuse *Légende des cycles*, à quand sa mise en vente? Entre parenthèses, j'ai ajouté à cette publication le sous-titre suivant, à la portée des plus humbles méninges : *ou le Vélo à travers les âges*.

Car le vélo, cher monsieur, n'est pas d'invention aussi récente que vous semblez le croire.

Des morceaux de silex me tombèrent sous la main dernièrement qui sont les fragments de vélocipèdes préhistoriques.

Sans remonter si haut, le *tandem*, ce fameux *tandem* dont vous faites votre Dieu, était une machine courante (*courante* est le mot) à l'époque de la vieille Rome.

Une des marques les plus appréciées alors était le *Quousque tandem* dont se servait, à l'exclusion de tout autre, l'équipe des frères Catilina.

Quand Cicéron (voyez la première *Catilinaire*) avait parlé du *Quousque tandem aux Catilina*, il avait tout dit.

Et il ajoutait, ce Marcus Tullius, *abutere patientia nostra*, ce qui signifiait : Est-ce que l'équipe des frères Catilina ne nous fichera pas bientôt la paix avec leur dangereux *Quousque tandem* ?

Allusion transparente au *recordium* Roma-Tusculum établi, la veille, par les frères Catilina, *recordium* fertile en accidents de toute sorte : écrasement d'un *puer* en train d'abiger *muscas*, le cheval effrayé d'un vieux *magister equitum*, fraîchement débarqué des guerres puniques, etc., etc.

(De ces frères Catilina, l'histoire a conservé le nom d'un seul, Lucien, que les courtisanes appelaient familièrement *Lulu*.)

Cicéron, d'ailleurs, se couvrit de ridicule dans

cette affaire. Il y mêla des noms qui n'avaient rien à y voir. *O Tempora! O Mores!*

Le marquis de Morès — est-il nécessaire de l'ajouter? — ne connaissait même pas Catilina de vue.

Le plus comique, c'est que Cicéron invectivait ainsi le *Quousque tandem* des frères Catilina... en hémicycle, lequel, ainsi que l'indique son nom, était une sorte de vélocipède composé de la moitié d'une roue. (Comme ça devait être commode de rouler là-dessus !)

Je travaille également à la reconstitution du célèbre *Pôdâsocus Akilleus*, d'Homère, et je compte bien démontrer que si cet *Akilleus* était, à ce point, *podâsocus*, c'est qu'il avait une bonne bécane entre les jambes.

De là, je remonterai aux ailes, dont la mythologie grecque affublait les pieds de Mercure.

Ce sera un jeu d'enfant pour moi d'établir que ces ailes sont la représentation symbolique de la *pédale*.

Rude tâche, monsieur, que de dissiper ces brumes !

J'y travaille sans relâche, ne m'interrompant que pour prier.

Au revoir, cher Ousquémont-Hyatt, et bon appétit.

Si vous avez l'heur de rencontrer, par les rues de Gand, notre excellent Maurice Mæterlinck, décrochez-lui, de ma part, mille marques d'estime et de cordialité.

LES ARBRES QUI ONT PEUR DES MOUTONS

Du ponant, du couchant, du septentrion, du midi, du zénith et du nadir m'adviennent mille sanglants reproches pour le lâche abandon que j'ai commis envers la question si poignante de ces pèlerins passionnés que sont les végétaux.

Certes, quand Mirbeau écrivit l'histoire de son *Concombre fugitif*, il n'espérait point faire couler tant d'encre, susciter d'incomptables correspondances, inquiéter tant d'âmes frétillantes.

Et de toutes parts me pleuvent des communications touchant la sensibilité, l'ambulativité des plantes et la part réellement psychique qu'elles prennent à la vie.

Dans le lot des aimables lecteurs (et aussi lectrices) qui s'intéressent à la question, se trouvent d'agréables fantaisistes, d'effrénés convaincus et d'autres plus difficiles à classer.

Un lieutenant d'infanterie qui signe Guy de Surlaligne (très probablement un pseudonyme) m'affirme que dans les environs de sa garnison, à Tulle, pousse une espèce de violette, à laquelle on peut, sans sourciller, attribuer le record de la modestie.

« Vous cueillez, assure ce militaire, un bouquet de violettes, vous le posez sur une feuille de papier blanc, et vous vous reculez en fixant indiscrètement les pauvres fleurettes.

» Aussitôt, et de lui-même, le bouquet s'enroule dans le papier blanc, comme ferait un mort dans son linceul, et aussi rapidement (car on sait que les morts vont vite).

» Si vous avez laissé quelques épingles à la portée du bouquet, ces menus ustensiles se trouvent immédiatement attirés et fichés dans le papier, comme pompés par la force vive de l'incoercible pudeur. »

Quelle leçon pour les jeunes filles américaines qui se trouvaient cet été à Burlington !

A la Faculté de droit de Paris, immeuble qui ne passe certainement pas pour le refuge des rigolades fin de siècle, fut, le mois dernier, abordée la question des forêts baladeuses.

M. Ducrocq, le très aimable professeur de droit administratif, proféra ces paroles textuelles :

« A cette époque, messieurs (vers 1872, 1873), les forêts nationales se sont promenées de ministère en ministère, de l'Agriculture aux Finances, des Finances à l'Agriculture, etc., etc. »

Hein, mon vieux Shakespeare, les voilà bien les forêts qui marchent, les voilà bien !

Sans nous arrêter à la légitime stupeur du flâneur rencontrant la forêt de Compiègne dans la rue de Rivoli, passons à une troisième communication qui ne fut pas sans me bouleverser :

« Il y a des arbres, m'écrit M. le vicomte de Maleyssie, notamment les bouleaux et les chênes, qui éprouvent un trac abominable quand passe, non loin d'eux, un troupeau de moutons. Et cette frayeur se traduit par un retrait immédiat de la sève dans l'arbre, au point qu'il n'est plus possible de détacher l'écorce de l'aubier. »

Un peu, ce me semble, comme lorsque nous éprouvons un sentiment de constriction à la gorge.

Et, à l'appui de son dire, M. le vicomte de Maleyssie m'adressa des documents, dont quelques-uns assez précieux; entre autres, le numéro d'avril 1833 du *Cultivateur*.

A la page 210 de ce vieil organe, je trouve le récit suivant dû à la plume du grand-père même de M. de Maleyssie :

« Des ouvriers étaient employés à écorcer des chênes sur l'un des penchants d'un coteau situé entre deux vallées, dans la propriété que j'habite. Le temps était très favorable à ce genre de travail ; aussi avançait-il assez vite, lorsque peu à peu il devint moins aisé. L'écorce ne se souleva plus qu'avec peine, et bientôt il fut impossible de l'enlever autrement que par petits morceaux.

» Les ouvriers, n'ayant aperçu aucune variation dans l'état de l'atmosphère, attribuèrent unanimement ce phénomène au voisinage de quelque troupeau de moutons.

» En effet, j'avais donné l'ordre au berger d'amener le sien sur le revers du coteau où travaillaient les ouvriers.

» Cela bien constaté, je fis retirer les moutons, et à mesure qu'ils s'éloignaient, le pelage des arbres devenait plus aisé. Néanmoins, la sève, pendant toute la journée, ne reprit pas sa circulation avec la même activité qu'auparavant.

» Cette expérience, répétée deux années de suite, a produit le même effet. »

Les *Annales de la Société d'Horticulture de Paris* (tome XII, page 322), s'occupent également de cet étrange phénomène et citent un cas analogue constaté dans les pépinières royales de Versailles en 1817.

L'auteur de la communication conclut ainsi :

« Quoique je sois très porté à chercher une explication, bonne ou mauvaise, à tous les phénomènes de la végétation, je ne suis jamais arrivé à expliquer celui-là. C'est sans doute le plus délicat de tous ceux que nous offrent les végétaux. M. de Candolle n'en a rien dit dans sa *Physiologie générale.* »

Vous pensez bien que si M. de Candolle n'a rien trouvé à dire sur cette question, ce n'est pas un pauvre petit gas comme moi qui éclairera les masses botanisantes.

Seulement, je pense que si le roseau apprenait la frousse énorme qu'un simple mouton peut infliger à

> Celui de qui la tête au ciel était voisine
> Et dont les pieds touchaient à l'empire des morts,

il rirait bien, le souple et charmant roseau.

PHÉNOMÈNE NATUREL DES PLUS CURIEUX

Les commentaires que j'ai publiés, naguère, relatifs à une saisissante chronique de Mirbeau, où il était question d'un vieux jardinier qui jouait du piston pour embêter son hibiscus et de concombres qui s'enfuyaient dès qu'on les appelait, m'ont valu mille communications diverses et des plus intéressantes, émanant d'horticulteurs et grands propriétaires fonciers.

Le cas d'un arbuste musicophobe et celui d'un potiron vadrouilleur sont loin, paraît-il, d'être des cas isolés.

Impossible, malheureusement, de citer tous ceux que me communiquent mes aimables correspondants.

Je n'en veux retenir qu'un seul dont je fus témoin.

J'avais reçu, la semaine dernière, un mot de

M. Edmond Deschaumes, m'invitant à me rendre compte, par moi-même, d'un fait insignalé jusqu'alors par les botanistes.

« *C'est surtout le lundi matin que mon expérience réussit le mieux*, ajoutait Deschaumes ; *viens donc dès dimanche, dans l'après-midi, tu pourras ainsi assister à l'évolution complète du phénomène.* »

Je n'eus garde de manquer à cette piquante invitation.

Edmond Deschaumes est un de mes plus vieux camarades du Quartier Latin. Il fonda même en ces parages une revue littéraire où j'abritai mes jeunes essais. Tout ça ne nous rajeunit pas, mon vieux Deschaumes !

Sans être *palatiale*, comme disent les Américains, la résidence, à Marly-le-Roi, de M. Deschaumes est vaste, bien aérée et lotie de tout l'appareil du confort moderne.

Pour l'instant, nous n'avons à nous occuper que du jardin.

Dès mon arrivée, Deschaumes me mena devant un magnifique *antirrhinum* ou *muflier* couvert de fleurs.

La fleur de l'*antirrhinum* se nomme vulgairement *gueule de loup*, chacun sait ça.

Or, Deschaumes se mit à arroser son *antirrhinum* avec des mélanges d'absinthe, de bitter, de vermouth, etc.

Après quoi, ce fut avec des bouteilles de vin, et même des litres.

Puis ensuite, après notre dîner, du cognac, de la chartreuse, etc.

Enfin, et jusqu'à assez tard dans la nuit, avec des canettes de bière.

Après quoi, nous allâmes vers nos couches goûter un repos que nous n'avions point dérobé.

Le lendemain, dès l'aube (chef-lieu Troyes), tous nous étions réunis devant l'*antirrhinum*.

Et nous constations, ô miracle ! que les gueules de loup étaient devenues des gueules de bois.

A telle enseigne que M. Jules Bois lui-même s'y serait trompé.

A BORD DE LA « TOURAINE »

(BLOCK-NOTES)

Samedi, 9 juin. — Le pilote qui a sorti la *Touraine* du port du Havre s'appelle Ravaut. C'est un grand et fort gaillard comme ses tumultueux homonymes de Paris. Un moment, j'ai eu peur qu'à leur image, il ne cherchât à nous faire une bonne blague, en nous collant, par exemple, sur le banc d'Amphard.

(Les frères Ravaut — je donne ce détail pour les gens de Winnipeg — sont des drilles dont le sport favori est d'ahurir la clientèle paisible des établissements publics ou autres.)

Par bonheur, il n'en fut rien.

Nous sommes sortis triomphalement des jetées du Havre, très garnies de gens agitant les mouchoirs d'adieu. A toute vitesse, nous avons gagné le large. Derrière nous, les côtes se sont enfoncées dans l'horizon.

Cette nuit, nous allons apercevoir les feux du Cap Lizard et d'Aurigny. Et puis, bonsoir la terre ! On n'en verra plus que dans huit jours, là-bas, en Amérique.

..... Nous dînons à la table du docteur, lequel me paraît être un joyeux thérapeute prenant la vie par le bon bout. Excellente idée de nous avoir placés, mes amis et moi, à la table de ce gai praticien flottant.

Longitude : 12° 58'.
Latitude : 49° 39'.

Dimanche, 10 juin. — Mon *home, sweet home*, consiste en la cabine 72, sise à l'avant et à tribord. Je l'occupe sans compagnon — chouette ! — et sans compagne — hélas ! — avec un bon petit hublot pour moi tout seul.

A propos de hublot, il y a, à la table voisine de la nôtre, un amour de toute petite fille qui n'arrive pas à se faire une raison de ce qu'une table à manger aussi fastueuse prenne jour par de si exiguës ouvertures. Au déjeuner, elle s'est écriée d'un gros air chagrin tout à fait comique :

— *Dis donc, maman, comme i sont péti, les fenêtes, ici !*

Cette petite fille s'appelle, d'ailleurs, Marguerite.

..... On a eu du gros temps, aujourd'hui. Beaucoup de dames ne sont point sorties de leurs cabines. D'autres, sur le pont, jonchent leur fauteuil long, telles des loques.

On n'a pas eu beaucoup le temps de faire connaissance. Ça ne va pas tarder, je pense, et tant mieux, car quelques très jolies jeunes filles américaines n'apparaissent point comme d'une grande faroucherie.

Marche du navire, 419 milles.

> Longitude : 24° 14'.
> Latitude : 48° 56'.

Lundi, 11 juin. — J'ai gagné la poule sur la marche du navire. Voici comment on procède : On est dix gentlemen qui mettent chacun un louis et qui s'affublent, chacun, par voie de tirage au sort, d'un numéro différent, de 0 à 9. Celui qui a le numéro qui correspond au chiffre des unités du nombre de milles parcourus dans les vingt-quatre heures a gagné la poule. Un exemple pour les esprits obtus : J'avais le numéro 3, et le navire a fait 443 milles. C'est donc moi qui ai gagné les dix louis. Inutile d'ajouter que cette somme s'est rapidement volatilisée dans la fumée d'un succulent petit extra-dry qu'ils ont à bord.

... On a encore pas mal roulé et tangué aujourd'hui. La majorité des dames demeure à l'état loquoïdal.

..... Un vieux monsieur très bien me demande ce

que je vais faire en Amérique. Comme, en somme, je n'ai pas l'ombre d'une parole raisonnable à dire, je lui réponds, d'un air détaché, que je vais me livrer à la culture en grand du topinambour dans le Haut-Labrador. Le vieux monsieur me répond qu'avec du travail et de la conduite, on arrive à tout, dans n'importe quelle partie.

Longitude : 35° 16'.
Latitude : 47° 29.

Mardi, 12 juin. — Du beau temps, ce matin. Plus de roulis ni de tangage, mais de la gîte à tribord, énormément, au moins vingt degrés (j'entends par ces mots que le plan du pont faisait avec l'horizon un angle d'au moins vingt degrés). Très commode, la gîte à tribord. Précisément, il y avait des asperges à l'huile et au vinaigre. L'inclinaison des tables nous évita la peine de caler notre assiette pour que notre sauce se réfugiât dans un coin (si tant est qu'il soit un coin aux circulaires assiettes).

Quand je serai décidé à faire construire mon petit cottage, je prierai Henri Guillaume, mon architecte ordinaire, de donner à ma salle à manger vingt degrés de gîte à tribord, rapport aux sauces.

Marche du navire : 455 milles.

C'est l'ami Berthier qui a gagné la poule.

Longitude : 45° 44'.
Latitude : 44° 41'.

Mercredi, 13 juin. — Ce Berthier, dont je parlais hier, est le plus distrait garçon du globe. Depuis notre départ du Havre, nous ne cessons de lui faire le même genre de plaisanteries, dans lesquelles il coupe sempiternellement :

— Berthier, on te demande au téléphone !

Ou bien :

— Berthier, le chasseur de Perroncel a remis une lettre pour toi à la caisse !

Sursautant de son rêve, l'infortuné Berthier cherche à s'orienter dans la direction du téléphone ou de la « caisse ».

..... Le vieux monsieur très bien à qui j'ai conté mon histoire de culture de topinambours dans le Haut-Labrador, commence à devenir très rasant. Il s'intéresse prodigieusement trop à mes faux projets et ne rate pas une occasion de me procurer des tuyaux sur ma future industrie. J'étais, ce soir, sur le pont, en grande conversation avec la toute charmante Miss Maud Victoria P..., quand il est venu me quérir en grande hâte pour me présenter à un passager, dont la seconde femme a un gendre qui va se remarier avec une jeune veuve du Labrador, et très susceptible, par conséquent (le passager), de me donner des renseignements de la plus haute importance sur l'agriculture en ces parages.

C'est bien fait pour moi. Ça m'apprendra à faire des blagues !

Marche du navire : 472 milles. C'est M. Deering qui a gagné la poule.

Longitude : 56° 10'.
Latitude : 42° 23'.

Jeudi, 14 juin. — C'est généralement le jeudi que je choisis pour, selon le cas, l'éloge où le blâme à distribuer aux officiers des bâtiments sur lesquels je vogue.

Aujourd'hui, de l'éloge seulement :

A notre commandant, l'excellent capitaine Santelli, un marin consommé, doublé d'un homme du monde, très épris de toutes les choses d'art et d'esprit.

Au capitaine en second Masclet, un rude loup de mer, fertile en anecdotes dont quelques-unes n'hésiteraient pas à se faire adopter par le Captain Cap lui-même.

Au commissaire, M. Treyvoux, l'urbanité et la courtoisie personnifiées.

Au docteur Marion (deux fois nommé), à la table duquel les natures les plus moroses ne sauraient s'embêter une seule seconde.

Un conseil : si vous allez en Amérique par la *Touraine*, sans femmes, tâchez d'être à la table du docteur Marion : je dis *sans femmes*, parce qu'avec ce bougre-là...

Marche du navire : 487 milles. C'est Paul Fabre,

le fils du très sympathique commissaire général du Canada à Paris, qui a gagné la poule.

> Longitude : 66° 50'.
> Latitude : 40° 57'.

Vendredi, 15 juin. — Je suis détenteur d'une montre en acier oxydé qui, depuis le jour de son acquisition par moi, a mis une touchante obstination (complexion naturelle, atavisme, tendance acquise ? sais-je ?) à retarder de cinquante minutes par jour.

Or, ce retard correspond précisément à notre changement journalier de longitude, en sorte que mon chronomètre (que j'ai fichtre bien payé vingt-cinq francs), parti du Havre avec l'heure du Havre, va arriver à New-York avec l'heure de New-York.

Très fier de ce phénomène, j'en ai fait part au plus grand nombre, expliquant la chose à ma manière.

Des doutes se sont élevés dans l'entourage, relativement à la véracité de ce fait. On m'accusait de régler ma montre moi-même. J'ai dû, pour démontrer ma parfaite bonne foi, remettre l'objet ès-mains de M. Mac Lane, qui n'est pas un blagueur, lui, ayant représenté les États-Unis en France. La montre fut séquestrée durant vingt-quatre heures et sortit triomphale de l'épreuve.

Miss Olga Smith (la plus belle passagère, de

même que M. Dyer est le plus joli homme du bord) m'a demandé :

— Alors, quand vous reviendrez en Europe, cette montre retardera de cinquante minutes par jour?

— Comme de juste, ai-je répondu froidement.

Et tout le monde m'a demandé l'adresse du fabricant.

... On ne voit pas encore les côtes, mais nous avons néanmoins pris contact avec la libre Amérique.

Vers six heures, ce soir, une jolie petite goélette nous a accostés, déposant à notre bord un bon vieux pilote, porteur d'une de ces bonnes vieilles physionomies, comme on n'en rencontre que sur les timbres-poste des United-States.

J'ai demandé au capitaine Masclet :

— Est-ce que vous ne pourriez pas vous passer de pilote?

Masclet a éclaté de rire, à cette idée qu'un pilote pouvait servir à quelque chose, et il m'a raconté qu'à l'un de leurs derniers voyages, le pilote s'était tellement saoûlé avec les passagers, qu'il se croyait dans le golfe de Guinée.

Marche du navire : 502 milles. C'est M. Ernest Debiève, l'artilleur bien connu, qui a gagné la poule.

En rade de New-York.

Samedi, 16 juin. — La brume de ce matin s'est dissipée. Nous apercevons les côtes. De grands voiliers nous croisent à chaque instant. Dans deux heures, nous serons amarrés au wharf.

On aperçoit, sur le pont de la *Touraine*, quantité de gens qu'on n'avait pas aperçus pendant la traversée.

D'étranges pirogues nous ont-elles apporté, cette nuit, ces mystérieux voyageurs, ou bien, plus simple explication, ces pauvres gens seraient-ils restés dans leur cabine pendant ces sept jours ?

... Un vieux Canadien, fort brave homme d'ailleurs, se vantait l'autre jour de n'avoir jamais de sa vie prononcé un seul mot d'anglais. Il a une façon de nationaliser les inévitables expressions albionesque qui m'amuse beaucoup.

Il vient de me donner ce conseil :

— Puisque vous ne faites que passer à New-York, ne donnez pas vos bagages à visiter à la douane. Faites-les envoyer *en bonde*.

En bonde, traduction libre du *in bond* anglais (en transit).

... Nous débarquons.

Ce soir, nous roulons dans les pires débauches à New-York, et, demain matin, en route pour Montréal.

GOSSERIES

Eh! non, je ne m'étais pas trompé! C'était bien mon jeune ami Pierre et sa maman qui remontaient l'avenue de Wagram.

Pierre avait passé son bras dans le bras de sa mère, et il semblait, plutôt que son fils, être le petit amoureux de sa petite maman.

Il racontait sûrement une histoire très cocasse, car je les voyais rire tous deux, tels de menus déments.

Je les rejoignis, et mon jeune ami Pierre voulut bien me mettre au courant.

— Tu sais bien, la femme de chambre à maman! Elle s'appelle Laure.

— J'ignorais ce détail.

— Il y a bien d'autres choses que tu ignores, mais ça ne fait rien : elle s'appelle Laure tout de même... Alors, comme on dit toujours : *l'or est une chimère*, ce matin, je l'ai appelée *Chimère :* « Ohé!

Chimère, apportez-moi mes bottines jaunes ! » Ce qu'elle est entrée dans une rogne, mon vieux !

— Eh bien ! mais... je ne trouve pas ça très drôle.

— Attends donc un peu. Le plus rigolo dans tout ça, c'est qu'elle croit que *chimère* c'est un vilain mot, tu comprends ?... Rougis pas, maman ? Alors, elle m'a menacé de le dire à papa, si je recommence... Tu penses si je vais me gêner.

— Et ton papa, que te dira-t-il ?

— Papa ? il ne me dira rien, pardine ! Qu'est-ce que tu veux qu'il me dise pour appeler la femme de chambre *chimère* ?

— Il ne te dit jamais rien, ton père ?

— Oh ! si, des fois... Ainsi, l'autre jour, il m'a appelé polichinelle, idiot, crétin, imbécile.

— Et toi, que dis-tu pendant ce temps-là ?

— Moi ? je ne dis rien... j'attends qu'il ait fini... Un jour qu'il me traitait de polichinelle, j'ai haussé les épaules ; il m'a fichu une gifle, mon vieux, que la peau en fumait encore deux heures après !

— Mon pauvre ami !

— Oui, mais je sais bien ce que je ferai. Tiens, je donnerais bien dix sous pour être déjà un grand type, pour être en *philo*, par exemple.

— Et que feras-tu, quand tu seras en *philo* ?

— Ce que je ferai ? Eh ben ! voilà ce que je ferai : un jour que papa me traitera de polichinelle, etc., je ne dirai rien, je n'aurai l'air de rien, seulement... (*Pierre se tord.*)

— Seulement ?

— Seulement, je lui enverrai mes témoins.

— Tu enverras des témoins à ton père?

— Parfaitement! j'irai trouver deux copains de ma classe, deux copains sérieux... Tu sais, en *philo*, il y a des types qui ont de la barbe. Alors, ils s'amèneront chez papa, en redingote, et ils lui diront gravement... (*Pierre se retord.*)

— Ils lui diront?

— Ils lui diront : « Monsieur, nous venons de la part de monsieur votre fils vous demander rétractation des injures *que vous lui avez proférées*, ou une réparation par les armes. »

— Eh bien! à la bonne heure. Tu n'y vas pas de main morte, toi!

— Crois-tu qu'il en fera une bobine, papa?

— Je vois ça d'ici.

— Il sera plutôt un peu épaté, hein?

— Plutôt.

Nous échangeâmes encore quelques menus propos et je pris congé de mon jeune ami Pierre et de sa petite maman.

Quelques pas plus loin, je me retournai et je les vis tous les deux pâmés de joie à la seule idée de cette excellente plaisanterie qui aura lieu dans sept ou huit ans.

L'OISEUSE CORRESPONDANCE

Du flot montant de ma quotidienne correspondance, j'écume les suivantes communications tendant à démontrer que le record de la candeur est plus imbattable qu'on ne saurait croire.

J'ai adopté, pour la reproduction des susdites, la manière monomorphe, afin d'épargner quelque fatigue au lecteur surmené. (Depuis longtemps, j'ai remarqué que la semaine de Pâques surmène le lecteur plus qu'il ne convient.)

Première lettre :

« Cher monsieur,

» Permettrez-vous à un de vos nombreux lecteurs et admirateurs de vous fournir un sujet pour l'un de vos prochains articles ?

» Voici :

» Il s'agit d'un jeune commis israélite, nommé

Caen, qui entre dans la maison Duseigneur (*confections en tous genres*).

» Il fait l'affaire du patron qui l'associe, et de la fille du patron qu'il épouse.

» Aussitôt, il devient gros comme le bras M. Caen-Duseigneur.

» Dieu bénit leur union, et une petite fille arrive qu'on dénomme Rachel.

» Et, alors, cette petite fille s'appelle Rachel Caen-Duseigneur.

» Vous le voyez, cher monsieur, ce thème est un peu mince, mais avec votre esprit et votre fantaisie, vous ne pouvez manquer d'en faire un de ces petits chefs-d'œuvre dont vous êtes coutumier.

» Agréez, etc.

» L'Aumonier de la tour Eiffel. »

Deuxième lettre :

« Cher monsieur,

» Permettrez-vous à deux de vos nombreux lecteurs et admirateurs de vous fournir un sujet pour l'un de vos prochains articles?

» Voici :

» Il s'agit de deux messieurs qui voyagent sur le rapide de Paris au Havre : un petit monsieur malingre et menu, un gros individu robuste et corpulent.

» Pour tuer le temps, le gros individu robuste et

corpulent pose des devinettes au petit monsieur malingre et menu.

» Malgré mille efforts, ce dernier n'arrive pas, et finalement :

» — Voyons, fait-il timidement, *mettez-moi sur la voie*.

» Le gros individu ne fait ni une, ni deux, et, prenant au pied de la lettre la proposition du petit monsieur, il le jette par la portière, sur les rails, brutalement.

» Vous le voyez, cher monsieur, ce thème est un peu mince, mais avec votre esprit et votre fantaisie, vous ne pouvez manquer d'en faire un de ces petits chefs-d'œuvre dont vous êtes coutumier.

» Agréez, etc.

» Sinon Evero et Ben Trovato. »

Troisième lettre :

« Cher monsieur,

» Permettrez-vous à un de vos nombreux lecteurs et admirateurs de vous fournir un sujet pour l'un de vos prochains articles?

» Voici :

» Il s'agit de jeunes gens qui arrivent au café.

» Ils commandent deux verres de chartreuse.

» — De la jaune ou de la verte? demande le garçon.

» — De la vi..ette! répond froidement l'un des jeunes gens.

— De la violette! s'effare le garçon. Mais il n'y a pas de chartreuse violette!

» — Eh bien! et la *chartreuse de Parme*, donc?

» Le garçon arbore une tête qui montre combien embryonnaire son stendhalisme!

» Vous le voyez, cher monsieur, ce thème est un peu mince, mais avec votre esprit et votre fantaisie, vous ne pouvez manquer d'en faire un de ces petits chefs-d'œuvre dont vous êtes coutumier.

» Agréez, etc.

» Un lecteur qui trouve émormément
» de chic a Got. »

Quatrième lettre :

« Cher monsieur,

» Permettez-vous à une de vos nombreuses lectrices et admiratrices de vous fournir un sujet pour l'un de vos prochains articles?

» Voici :

» Il s'agit d'un jeune homme dont les trois seuls vrais frissons dans la vie consistent :

» 1° En une invétérée passion pour sa bonne amie qu'on appelle Tonton ;

» 2° En un culte fervent pour l'œuvre de M. Taine dont il possède, au meilleur de sa bibliothèque, tous les ouvrages ;

» 3° En un attachement presque maternel pour un jeune thon qu'il élève dans un aquarium avec des soins touchants.

» Or, un jour, ce jeune homme est forcé de s'absenter pendant quelques semaines pour (... *trop long*).

» Quand il revient, un de ses amis l'attend à la gare, avec des yeux de funérailles.

» — Mon pauvre vieux, dit cet homme triste, tu vas trouver ta maison bien vide...

» — Pourquoi donc?

» — Gustave a profité de ton absence pour s'introduire chez toi et t'enlever Tonton, ton Taine et ton thon.

» Vous le voyez, cher monsieur, le thème est un peu mince, mais avec votre esprit et votre fantaisie, vous ne pouvez manquer d'en faire un de ces petits chefs-d'œuvre dont vous êtes coutumier.

» Agréez, etc.

» UNE GARDEUSE DE HANNETONS. »

Je passe sous silence, entre autres correspondances, une lettre roulant entièrement sur les localités de la banlieue de Paris, et dans laquelle on se demande, non sans angoisses, ce que les *bougies valent*. « D'ailleurs, ajoute mon correspondant, est-on bien fixé sur la question de savoir si *Levallois paierait*... » Charmant, n'est-ce pas?

Dans un autre ordre d'idées, j'ai également reçu

une lettre de M. Pierre Louys, un jeune littérateur de beaucoup de talent, qui veut bien m'informer du brevet qu'il vient de prendre pour se garantir la propriété de sa nouvelle invention, *le Tabac sans fumée*.

La chose vaut la peine qu'on en reparle.

J'y reviendrai, comme dit Sarcey, dans une de mes prochaines causeries.

L'INTERVIEW FALLACIEUSE

Le roi Humbert fait son malin, depuis quelques jours, parce qu'il fut interviewé par notre camarade Calmette.

Il faut pourtant bien qu'il se dise qu'il n'est pas le seul à avoir été interviewé par Calmette ou par un autre, par un autre surtout.

Moi, c'est par un autre que j'ai été interviewé, pas plus tard qu'hier soir, sur le coup de cinq heures et demie ou six heures, à la terrasse du Café Julien, où je dégustais un de ces bons petits apéritifs qui vous coupent l'appétit comme avec un rasoir.

Le jeune homme (c'était un jeune homme) s'approcha de moi, le chapeau (un chapeau haut de forme) à la main et de la politesse plein les yeux (des yeux gris bleu).

Les présentations faites, je le priai de s'asseoir, m'enquis de ce qu'il *prenait*, commandai ledit breuvage au garçon (un excellent garçon que nous appelons Montauban, parce qu'il est de Dunkerque) et nous causâmes.

Après avoir abordé différents sujets dont la sèche nomenclature indifférerait le lecteur :

— Je crois me souvenir, cher maître, dit le jeune homme, que M. Antoine, le directeur du Théâtre-Libre, avait annoncé, dans les spectacles à jouer cet hiver, une pièce de vous en collaboration avec M. Raoul Ponchon et intitulée *la Table*.

— Le fait est parfaitement exact, mais la pièce ne pourra passer qu'au cours de la saison prochaine.

— Pas finie, probablement?

— Si, elle est finie, mais avant de la livrer, nous avons besoin de nous mettre d'accord.

— Avec M. Antoine, peut-être?

— Oh! non, nous sommes du dernier bien avec M. Antoine. Nous avons besoin de nous mettre d'accord, M. Raoul Ponchon et moi.

— Question de droits d'auteurs?

— Non pas! Nous sommes parfaitement d'accord, M. Raoul Ponchon et moi, sur cette question. M. Raoul Ponchon entend toucher la totalité des droits, et c'est aussi ma prétention de toucher tout. Vous voyez que, sur ce point, nous ne différons pas sensiblement.

— Mais alors?

— Voici : notre pièce comporte deux personnages, Victor et Gustave. Nous nous partageâmes la besogne : M. Raoul Ponchon écrirait le rôle de

Victor et moi le rôle de Gustave. Malheureusement, nous ne songeâmes point, avant de nous mettre à l'ouvrage, à nous entendre sur le choix du sujet, de sorte que notre pièce, telle qu'elle est, présente de rares qualités d'incohérence qui semblent la désigner au théâtre national de la Ville-Evrard.

— Oh! comme c'est curieux, ce que vous racontez là !

— Attendez, ce n'est pas tout. M. Raoul Ponchon s'était dit : « M. Alphonse Allais a l'habitude d'écrire en prose, je vais donc écrire le rôle de Victor en prose. » Moi, de mon côté, je n'avais pas manqué de me faire cette réflexion : « M. Raoul Ponchon parle la langue des dieux aussi bien que si c'était la sienne propre (*as well as if it is his own*); il ne manquera de la faire parler à son héros, faisons de même. » Et je mis dans la bouche de Gustave mes plus lapidaires alexandrins. Il se trouva donc que nous nous étions trompés tous les deux. D'où mille remaniements à opérer, portant sur le fonds de notre œuvre et aussi sur sa forme.

Le petit reporter crut comprendre que notre entrevue avait assez longtemps duré. Il tira de sa poche une pièce de 2 francs, dont il frappa, à coups saccadés, le marbre de la table, dans le but évident d'appeler, sur lui, l'attention du garçon et de lui verser le montant de son vermout.

Je le conjurai de n'en rien faire.

— C'est ma tournée, ajoutai-je en souriant finement.

MAUVAIS VERNIS

— Comment, vous saluez ce type-là? me demanda le personnage sérieux qui m'accompagnait.

— Mais parfaitement! Je salue ce type-là, qui est un de nos bons amis.

— Eh bien! vous n'avez pas la trouille!

(La *trouille* sera l'objet, sur l'instigation d'un de nos lecteurs, d'une prochaine causerie.)

— La trouille! Pourquoi aurais-je la trouille? Ce type-là, comme vous le traitez un peu dédaigneusement, est mon camarade Henry Bryois, que je connus au quartier Latin, où nous faisions partie de la vacarmeuse jeunesse des Ecoles, voilà une belle pièce de quinze ans.

— Ce type-là, je vais vous dire qui c'est.

Et après un léger silence, assez analogue au recul de l'acrobate pour mieux sauter, le personnage sérieux ajouta :

— Ce type-là, c'est un individu payé par l'Angleterre pour jeter un mauvais vernis sur les hautes sphères diplomatiques françaises!

— Allons donc! m'atterrai-je.

— C'est comme je vous le dis.

Et je demeurai là, fou d'épouvante et muet d'horreur.

Au jour d'aujourd'hui, comme dit ma femme de ménage, l'homme ne doit s'effrayer de rien, même des pires délations... Mais Bryois, mon vieux Bryois, à la solde de l'Angleterre! Proh pudor lui-même s'en serait voilé la face!

... C'est avec Bryois que, jadis, nous organisâmes, rue Cujas, une grande représentation au bénéfice des rimes pauvres du poète X...

Encore avec Bryois, nous fondâmes la *Société protectrice des minéraux*, en vue d'assurer une petite situation aux cailloux, lesquels, ainsi que chacun sait, sont malheureux comme les pierres.

Toujours avec Bryois, nous menâmes à bien le fameux concours de circonstances qui se tint, bien entendu, dans le champ des Conjectures, et avec, on s'en souvient, quel éclat!

Renier un tel passé pour un peu d'or anglais! Shame!

Et durant ma stupeur, le personnage sérieux semblait se gargariser encore des derniers glouglous de sa révélation.

— Alors vraiment, me cramponnai-je, Bryois est payé par l'Angleterre...

— ... Pour jeter un mauvais vernis...

— ... Sur les hautes sphères...

— ... Diplomatiques.

— ... Françaises... Ah, la crapule !

Sur mon geste pourtant de vague dénégation, le personnage sérieux insista :

— Demain, trouvez-vous, à neuf heures, au *Horse-Shoe*, près de la gare du Nord, et vous serez fixé sur la complexion de votre ami.

Je n'eus garde de manquer un tel rendez-vous.

Muni d'une fausse barbe et d'un manteau couleur muraille, à l'heure et à l'endroit indiqués, je dégustais un soigneux *John Collins*.

Un couple pénétra.

Je reconnus tout de suite les étranges personnages dont il me fut donné l'occasion de causer naguère :

Miss Jane Dark et Henry Katt.

Puis, peu après, l'incriminé Bryois.

Tous les trois, ils eurent une conversation de fantômes en un grand parc solitaire et glacé.

Et Bryois sortit.

Nous le suivîmes.

Il se dirigea vers l'enclos bien parisien où gît la douane de la gare du Nord.

Familièrement et comme d'habitude, il tendit un petit papier, une menue somme convenue d'avance; alors, un employé lui délivra une bonbonne jaugeant deux ou trois gallons et dont l'étiquette portait ces mots : *English Bad Varnish* (mauvais vernis anglais).

Deux heures après, nous étions quai d'Orsay, au ministère des affaires étrangères.

A la suite de Bryois (qui ne s'en doutait guère), nous gravissions des degrés sans nombre et nous arrivions jusqu'en un vaste hall, situé sous les combles, entièrement garni d'assez gros ballons à tendances ambassadrices.

— Les voilà bien, nos hautes sphères diplomatiques ! ricana le personnage sérieux.

Cependant Bryois, se croyant seul, aspergeait, grâce à une sorte de vaporisateur, le contenu de sa dame-jeanne sur les ballons tricolores.

Quand nous redescendîmes, mon ancien camarade du quartier Latin était attablé à je ne sais quelle terrasse de marchand de vins, sur le quai, en compagnie de Jane Dark et de Henry Katt qui le gorgeaient d'or.

Je ne crus point devoir saluer ces gens.

LA QUESTION DES OURS BLANCS

DEVANT LE CAPTAIN CAP

Il faudrait le crayon de Callot, doublé de la plume de Pierre Maël, pour donner une faible idée de l'émotion qui nous étreignit tous deux, le Captain Cap et moi, en nous retrouvant, après ces trois longs mois de séparation.

Nos mains s'abattirent l'une dans l'autre, mutuel étau, et demeurèrent enserrées longtemps. Nous avions peine à contenir nos larmes.

Cap rompit le silence, et sa première phrase fut pour me plaindre de revenir en cette bureaucrateuse et méphitique Europe, surtout dans cette burlesque France où, selon la forte parole du Captain, *il est interdit d'être soi-même.*

Cap parlait, parlait autant pour cacher sa très réelle émotion que pour exprimer, en verbes définitifs, ses légitimes revendications.

C'est ainsi que nous arrivâmes tout doucement

devant *l'Australian Wine Store*, de l'avenue d'Eylau ; là, où il y a une petite patronne qui ressemble à un gros et frais baby anglais.

Notre émotion devait avoir laissé des traces visibles sur notre physionomie, car le garçon du bar nous prépara, sans qu'il fût besoin de lui en intimer l'ordre, deux *Corpse revivers*, breuvage qui s'indiqua de lui-même en ces circonstances.

Un gentleman se trouvait déjà installé au bar devant une copieuse rasade d'*irish wiskey*, arrosé d'un tout petit peu d'eau. (L'*irish wiskey* avec trop d'eau n'a presque plus de goût.)

Cap connaissait ce gentleman : il me le présenta :

— Monsieur le baron Labitte de Montripier.

J'adore les différentes relations de Cap. Presque toujours, avec elles, j'éprouve une sensation de pittoresque, rarement trouvée ailleurs.

Je dois à Cap la connaissance du chef de musique du *Goubet*, de l'aumônier de la Tour Eiffel, d'un fabricant de trombones à coulisse en osier, etc.

Le baron Labitte de Montripier est digne à tous points de vue de figurer dans une collection aussi flatteuse.

Le baron vient, paraît-il, de prendre un brevet sur lequel il compte édifier une fortune princière.

Grâce à des procédés tenus secrets jusqu'à présent, le baron a réussi à enlever au caoutchouc cette élasticité qui le fait impropre à tant d'usages. Au besoin, il le rend fragile comme du verre. Où l'industrie moderne s'arrêtera-t-elle, mon Dieu ? Où s'arrêtera-t-elle ?

Quand nous eûmes épuisé la question du caoutchouc cassant, la conversation roula sur le tapis de l'hygiène.

Le baron contempla notre *corpse reviver* et fit cette réflexion, qui projeta Cap dans une soudaine et sombre ire :

— Vous savez, Captain, c'est très mauvais pour l'estomac, de boire tant de glace que ça.

— Mauvais pour l'estomac, la glace ? Mais vous êtes ivre-mort, baron, ou dénué de tout sens moral, pour avancer une telle absurdité, aussi blasphématoire qu'irrationnelle !

— Mais...

— Mais... rien du tout ! Connaissez-vous dans la nature un animal aussi vigoureux et aussi bien portant que l'ours blanc des régions polaires ?

— ? ? ?

— Non, n'est-ce pas, vous n'en connaissez pas ? Eh bien, croyez-vous que l'ours blanc s'abreuve trois fois par jour de thé bouillant ?..... Du thé bouillant sur les banquises ? Mais vous êtes fou, mon cher baron !

— Pardon, Captain, je n'ai jamais dit...

— Et vous avez bien fait, car vous seriez la risée de tous les gens de bon sens. Les ours blancs des régions polaires ne boivent que de l'eau frappée et il s'en trouvent admirablement, puisque leur robustesse est passée à l'état de légende. Ne dit-on point: *Fort comme un ours blanc?*

— Evidemment.

— Et, puisque nous en sommes sur cette question des ours blancs, voulez-vous me permettre, mon cher Allais, et vous aussi, mon cher Labitte de Montripier, de vous révéler un fait d'autant moins connu des naturalistes que je n'en ai encore fait part à personne?

— C'est une bonne fortune pour nous, Captain, et un honneur.

— Savez-vous pourquoi les ours blancs sont blancs?

— Dam!

— Les ours blancs sont blancs parce que ce sont de vieux ours.

— Mais, pourtant, les jeunes?

— Il n'y a pas de jeunes ours blancs! Tous les ours blancs sont de vieux ours, comme les hommes qui ont les cheveux blancs sont de vieux hommes.

— Êtes-vous bien sûr, Captain?

— Je l'ai expérimenté moi-même. L'ours, en général, est un plantigrade extrêmement avisé et fort entendu pour tout ce qui concerne l'hygiène et la santé. Dès qu'un ours quelconque, brun, noir, gris, se sent veillir, dès qu'il aperçoit dans sa fourrure les premiers poils blancs, oh! alors, il ne fait ni une, ni deux : il file dans la direction du Nord, sachant parfaitement qu'il n'y a qu'un procédé pour allonger ses jours, c'est l'eau frappée. Vous entendez bien, Montripier, l'eau frappée !

— C'est très curieux ce que vous nous contez là, Captain !

— Et cela est si vrai, qu'on ne rencontre jamais de vieux ours, ou des squelettes d'ours dans aucun pays du monde. Vous êtes-vous parfois promené dans les Pyrénées?

— Assez souvent.

— Eh bien ! la main sur la conscience, avez-vous jamais rencontré un vieux ours ou un cadavre d'ours sur votre chemin ?

— Jamais.

— Ah ! vous voyez bien. Tous les ours viennent vieillir et mourir doucement dans les régions arctiques.

— De sorte qu'on aurait droit d'appeler ce pays l'*arctique* de la mort.

— Montripier, vous êtes très bête !... On pourrait élever une objection à ma théorie de l'ours blanc : c'est la forme de ces animaux, différente de celle des autres ours.

— Ah ! oui.

— Cette objection n'en est pas une. L'ours blanc ne prend cette forme allongée que grâce à son régime exclusivement ichtyophagique.

A ce moment, Cap affecta une attitude si triomphale, que nous tînmes pour parole d'Évangile cette dernière assertion, d'une logique pourtant peu aveuglante.

Et nous reprîmes un autre *corpse reviver*, avec énormément de glace dedans, pour nous assurer une vieillesse vigoureuse.

NOUVEAU SYSTÈME DE PÉDAGOGIE

PAR VOIE SIMULTANÉMENT OPTIQUE ET PHONÉTIQUE

Le record de la paresse ingénieuse (pour champions âgés de moins de sept ans) peut se vanter d'être détenu par mon jeune et nouvel ami Alfred, plus connu sous le nom de Freddy, et même, simplement, de Fred.

Voyez plutôt cette performance :

Moi. — Pourquoi, mon petit Fred, te coupes-tu les ongles avant de te laver les mains ?

Fred. — Parce que... je vais te dire... toutes ces petites rognures que j'enlève... eh bien...

Moi. — Eh bien ?

Fred. — Eh bien... c'est autant de moins à nettoyer !

Fred apporte un égal parti pris de non-effort aux choses de l'éducation.

Bien qu'il commence déjà à être un grand garçon,

il ne *connaissait* pas encore ses lettres, voilà quinze jours.

Sa sœur aînée, qui s'est chargée de ce début d'éducation, dissimulait mal ses déboires et son imminente désespérance.

La pauvre jeune fille avait épuisé tous les moyens pédagogiques connus jusqu'à ce jour. En vain !

Sa dernière tentative consistait en un alphabet merveilleusement illustré dans lequel chaque lettre coïncidait avec une image.

La lettre L, par exemple, était au coin d'une petite vignette représentant un lapin.

Cet aimable système n'a pu prévaloir contre l'incoercible indolence du jeune Fred.

— Quelle est cette lettre ?
— Q.
— Pourquoi Q ?
— Parce que c'est un *curé* dans l'image.
— Non, ce n'est pas un curé ; c'est un prêtre, et la lettre est un P.
— Ah ! zut, alors ! Un curé, un prêtre... Comment qu' tu veux que je m'y reconnaisse ?
— D'ailleurs, alors même que l'image représenterait un curé, la lettre serait un C, et non pas un Q.
— Pourquoi ça ?
— Parce que le mot *curé* commence par un C.
— Ah ben, zut ! Si le mot *curé* commence par un C, qu'est-ce qui commencera par un Q alors ?...

Tiens, veux-tu que je te dise ?... Si tu continues à m'embêter avec ces histoires-là, je sens que je vais attraper la scarlatine !

— Mets-y encore un peu de patience, mon chéri. Quelle est cettre lettre ?

— Un B.

— Pourquoi un B, puisque l'image représente un *vélocipède ?* C'est un V.

— C'est grand'mère qu'appelle ça un *vélocipède*. Moi, j'appelle ça une *bicyclette*.

Devant l'impuissance notoire de l'album éducateur, et géniale par nécessité, la sœur de Fred imagina de composer, elle-même, un autre album où, selon l'esthétique de Fred, l'oreille jouât un rôle équivalent à celui de l'œil, où, par exemple, le mot *curé* répondît à la lettre Q.

La photographie, comme dans la plupart des industries modernes, vint apporter son précieux appoint à cette entreprise.

Et bientôt, on put assister à ce triomphe :

— Quelle est cette lettre, Fred ?

Fred contemple la photo, reconnaît sa petite amie Emma, et répond sans hésiter :

— C'est un M !

— Très bien, Fred ! Et celle-là ?

Fred reconnaît sa petite amie Ernestine et répond, tout joyeux :

— C'est un R !

Car l'album est surtout composé d'instantanés de

petites filles du pays, pour lesquelles le jeune Fred nourrit déjà une jolie passion d'amateur.

L'album ne s'est pas fait tout seul, bien entendu.

Pour certaines lettres, il y a eu du tirage.

Et, même, on a dû monter le coup à ce pauvre Fred, par exemple pour l'F, pour l'N.

Pour l'F, on lui a désigné une petite fille inconnue comme la propre fille de M. Eiffel, le touriste bien connu. Il apprit ainsi du même coup l'F et l'L.

Pour l'N, on a abusé du nom de M. Hennessy, et ainsi de suite.

La notion de l'X a été inculquée à Fred, grâce au portrait d'une petite fille voilée. Ce fut l'occasion d'ouvrir la jeune âme de notre héros au frisson de l'inconnu.

Et comme le comique se mêle toujours aux drames les plus lugubres, le W fut révélé à Fred par la photographie de la petite fille de la dame qui tient les *Water-Closet*.

PROPOSITION D'UN MALIN POLONAIS

M. Maurice Curnonsky, un jeune fantaisiste qui commence à se faire une place au soleil de la Littérature Souriante et qui publie de très vraiment réussies chroniques dans le *Chat-Noir* (un journal dont je fus le directeur, au temps où ma situation dans le monde m'autorisait encore à tremper dans la confection des petits canards ; comme c'est loin, tout ça!), m'adresse une lettre dont l'intégrale publication me paraît imposée par la plus élémentaire humanité.

Seulement, voulez-vous faire un pari avec moi ?

Je gage que l'idée — si simple, pourtant, et si pratique du jeune Curnonsky — sera en pleine application chez les Anglais et les Américains, cependant que nous autres, fourneaux de Français, en serons encore à ricaner bêtement.

Parlez, mon petit Maurice, et soyez poli :

« Mon cher Maître,

» Tous ceux qui portent des chemises, et s'honorent d'être vos humbles admirateurs, s'accordent à reconnaître qu'un de vos plus grands titres de gloire aux yeux d'une postérité enthousiaste sera d'avoir continué la tradition de ces immortels génies auxquels rien d'humain ne reste étranger.

» Comme celle de Victor Hugo, votre âme

» Mise au centre de tout comme un écho sonore,

a vibré au diapason de tous les sentiments généreux, et Pascal eût salué en vous un de *ceux qui cherchent en gémissant.*

» Je suis donc sûr que vous serez heureux et fier de me prêter le concours de votre immense tribune pour révéler à la France, la solution d'un des grands problèmes qui intéressent l'humanité : je veux parler de *la suppression des tempêtes.*

» Quelque temps après Renan, vous êtes né *au bord d'une mer sombre, hérissée de rochers, toujours battue par les orages*, et vous avez pu constater la fâcheuse influence des tempêtes sur la mortalité des navigateurs. Vous savez combien de marins, combien de capitaines, qui sont partis joyeux pour des courses lointaines, dans le morne horizon se sont évanouis, et vous n'hésiteriez pas à offrir une absinthe-grenadine au monsieur qui viendrait vous dire : « J'ai trouvé le moyen d'en faire
» une bien bonne à tous les océans, en les forçant à
» se tenir tranquilles. »

» Eh bien ! mon cher Maître, vous pouvez sans crainte commander un cocktail pour le Captain Cap et une absinthe-grenadine pour moi : car j'ai trouvé le moyen de supprimer les tempêtes ou plutôt, comme on dit dans le grand monde, je suis tout simplement

» Celui qui met un frein à la fureur des flots.

» L'idée de ce frein, aussi pratique qu'imprévu, m'est venue l'autre jour en écoutant notre illustre ami le docteur Pelet discuter, avec son habituelle autorité, la question de l'apaisement des tempêtes par le *filage de l'huile*. Le savant praticien, qu'aucun Boucher n'attendait ce jour-là, expliquait à deux jeunes demi-vierges qu'il suffit de répandre quelques litres d'huile sur la mer, autour d'un bâtiment en détresse, pour voir les plus fortes lames se changer en petites vagues inoffensives qui enveloppent de caresses très douces les flancs du navire naguère désemparé...

» L'idée avait germé en moi, et j'en vins à me demander s'il ne serait pas possible, non seulement d'*apaiser* les tempêtes, mais de les *prévenir* en répandant dans tous les océans assez d'huile pour recouvrir la surface des flots de la très mince couche oléagineuse qui suffit à les rendre inoffensifs... Et, après trois jours de réflexions, je viens vous poser cette question, dont il me semble, comme dirait M. Brunetière, que la poser c'est la résoudre.

» Puisqu'il est reconnu et prouvé par l'expérience que les tempêtes, ces coliques de la mer, ne résistent pas à l'application du plus mince cataplasme à base d'huile, pourquoi ne pas les traiter *par la méthode préventive*, et assurer pour jamais le calme aux océans, grâce à une très simple application de la pisciculture..... *en les peuplant de sardines à l'huile???*

» Je vous laisse, mon cher Maître, le soin de développer cette idée géniale, mais féconde, et, certain que vous serez touché par le ton (mariné) de ma requête, je vous prie de me croire,

     » *Increvablement,*
   » Votre fidèle Maurice Curnonsky. »

Pourquoi, mon cher Curnonsky, développerais-je votre idée, puisque vous vous en êtes si magistralement chargé ?

Et puis, l'heure est l'heure. Il est moins le quart et j'avais promis d'être rue Lauriston à la demie.

UN BIEN BRAVE HOMME

C'était un homme bon, mais *bon* dans toute l'énergie du terme.

Je dirais presque qu'il était bon comme la lune, si la mansuétude de ce pâle satellite ne se panachait d'une candeur — pour ne dire plus, — bien en passe de devenir légendaire.

Il était aussi bon que la lune, mais plus intelligent.

Chose étrange, les somptueuses catastrophes le remuaient moins profondément que les petites misères courantes.

Le rapide de Nice aurait rencontré l'express du Havre, au grand écrabouillement de tous ces messieurs et dames, que notre ami se fût moins ému qu'au spectacle champs-élyséens de chèvres traînant, en leur minuscule voiture, une potée de trop lourds gosses.

En ce dernier cas, et avec un air de rien, il poussait, de sa canne ou de son parapluie, le petit attelage, soulageant ainsi les maigres biques de quelques kilogrammètres.

A Yves Guédon, l'infatigable apôtre des voitures automobiles, qui lui disait :

— Vous devez être content! Avec la nouvelle locomotion, les canassons pourront se reposer!

— Oui, répondit-il, mais tout cet infortuné pétrole qu'il faudra brûler! Et tout ce malheureux coke!

Un individu qui chérit à ce point les chèvres des Champs-Elysées et la gazoline ne peut demeurer indifférent, vous le devinez sans peine, au sort des pêcheurs à la ligne.

Il n'osait plus passer sur les quais, tellement la contemplation de ces pauvres êtres l'affligeait au plus creux du cœur.

Au fond, il en voulait beaucoup aux poissons de ne pas mettre plus d'entrain à mordre à la ligne des pêcheurs parisiens.

Il aimait mieux les pêcheurs que les poissons, voilà tout.

Un beau jour, n'y pouvant tenir, il alla trouver le Captain Cap.

— Captain, j'ai un gros service à vous demander?

— C'est déjà fait, répondit Cap avec sa bonne grâce coutumière.

— Prêtez-moi un scaphandre?

— Mousse, clama Cap de sa voix de commandement, apporte un scaphandre à monsieur.

(Le Captain Cap, qui fut longtemps président du conseil d'administration de la *Société métropolitaine des scaphandriers du Cantal*, détient encore un grand nombre de scaphandres, provenant sans doute de détournements.)

Et depuis ce moment, chaque matin, notre ami se rend aux Halles, acquiert une forte provision de poissons de toutes sortes, qu'il insère en un vaste bac, lesté de pierres.

Il revêt son scaphandre, et le voilà parti, passant sa journée à accrocher des carpes, des tanches, des brochets aux hameçons des pêcheurs étonnés et ravis.

Parfois, à l'idée du plaisir qu'il cause là-haut, des larmes de bonheur lui viennent aux yeux. Il s'essuie avec son mouchoir, sans réfléchir qu'on n'a pas besoin d'essuyer ses yeux quand on est au fond de l'eau.

L'autre jour, il connut le désappointement de ne trouver aux Halles aucune sorte de poisson ni d'eau douce, ni d'eau de mer.

Il en fut réduit à accrocher aux lignes de ses amis des sardines à l'huile et des harengs saurs, et détermina ainsi une pêche qui plongea tous les ichthyographes du quai de la Mégisserie dans une vive stupeur.

UNE SALE BLAGUE

Ce que je vais vous conter là, mes bons petits lecteurs chéris, n'est peut-être pas d'une cocasserie excessive.

Qu'importe, si c'est une bonne action, et c'en est une !

Vous permettrez bien à l'étincelant humoriste que je suis de se taire un jour pour donner la parole à l'honnête homme dont il a la prétention de me doubler.

Ma nature frivole, et parfois facétieuse, m'a conduit à commettre un désastre irréparable peut-être.

Fasse le ciel que l'immense publicité donnée à ce récit en amortisse les déplorables effets !

C'était hier.

J'avais pris, à la gare Saint-Lazare, un train qui devait me descendre à Maisons-Laffitte.

Notre compartiment s'emplit à vue d'œil. On

allait partir, quand, à la dernière minute, monta une petite femme blonde assez fraîche et d'allure comiquement cavalière.

Son regard tournant, tel le feu du phare de la Hève, inspecta les personnes et finit par s'arrêter sur moi.

Elle me sourit d'un petit air aimable, comme une vieille connaissance qu'on est enchanté de rencontrer.

Moi, ma foi, je lui adressai mon plus gracieux sourire et la saluai poliment.

Mais j'avais beau chercher au plus creux de ma mémoire, je ne la reconnaissais pas du tout, mais, là, pas du tout.

Et puis, par-dessus les genoux d'un gros monsieur, elle me tendit sa potelée petite main :

— Comment ça va? s'informa-t-elle.

J'étais perplexe.

Ma mémoire me trahissait-elle, ou bien si c'était une bonne femme qui me prenait pour un autre?

A tout hasard, je lui repondis que j'allais pas trop mal.

— Et vous-même? ajoutai-je.

— Assez bien... Vous avez un peu maigri.

— Peines de cœur, beaucoup. Ma maîtresse, tout le temps, dans les bras d'un autre.

— Et le papa?

— Pas plus mal, merci.

— Et la maman?

— Pas plus mal, non plus, merci.

— Et vos petites nièces, ça doit être des grandes filles, maintenant?

Là, je fus fixé! c'est la bonne femme qui se trompait.

J'ai deux petits neveux, très gentils, André et Jacques ; mais encore pas l'ombre d'une nièce.

Une fois avérée l'erreur de la dame, je fus tout à fait à mon aise et je répondis avec un incroyable sang-froid :

— Mes petites nièces vont très bien. L'amputation a très bien réussi.

— L'amputation !... Quelle amputation?

— Comment, vous ne savez pas ? On a coupé la jambe gauche à l'aînée, et le bras droit à la petite.

— Oh! les pauvres mignonnes! Et comment cela est-il arrivé?

— A la suite d'un coup de grisou survenu dans leur pension, une pension bien mal surveillée, entre parenthèses.

A mon tour, et avec une habileté diabolique, je m'enquis de la santé des siens.

Toute sa famille y passa : une tante catarrheuse, un père paralytique, une belle-sœur poussive, etc.

— Et vous allez sans doute à Evreux ? poursuivit-elle.

— Oh! non, madame; je n'ai jamais refichu les pieds à Evreux depuis *mon affaire.*

Le ton de réelle affliction sur lequel je prononçai *mon affaire* lui jeta un froid, mais un froid fortement mêlé de curiosité.

— Vous avez eu... *une affaire ?*

— Comment, madame, vous ne savez pas ?

— Mais non.

— Les journaux de Paris en ont pourtant assez parlé !

Une pause.

— Eh bien ! madame, je puis vous le dire, à vous qui êtes une personne discrète... J'ai été condamné à six mois de prison pour détournement de mineure, proxénétisme, escroquerie, chantage, recel et gabegie.

. . . .

— Maisons-Laffitte ! cria l'employé de la gare.

Avant de débarquer, je tendis gracieusement ma main à la grosse dame et d'un petit air dégagé :

— Entre nous, n'est-ce pas ?

Je n'avais pas mis le pied sur la terre ferme que j'étais désespéré de ma lugubre plaisanterie.

A l'heure qu'il est, tout Evreux sait qu'un de ses fils a failli à l'honneur.

Peut-être, des familles pleurent, des fiancées sanglotent, des pères se sont pendus dans leur grenier.

J'en adjure les directeurs des feuilles locales ! Qu'ils fassent tirer (à mon compte) 10,000 (dix mille) numéros supplémentaires de leur journal relatant cette confession, et qu'ils les fassent répandre à profusion dans les grandes et petites artères d'Evreux.

Que le jeune Ebroïcien, si légèrement compromis, puisse rentrer, par la grande porte, dans l'estime de ses concitoyens.

Et alors, seulement, je pourrai dormir tranquille.

ARTISTES

Ce soir-là, je rentrai tard (ou tôt, si vous aimez mieux, car déjà pointait l'aurore).

Je m'apprêtais à exécuter la légère opération de serrurerie qui permet à chacun de pénétrer chez soi, quand, de l'escalier, me descendirent des voix :

— C'est très embêtant !... Il est à peine quatre heures : il nous faudra attendre deux heures avant qu'un serrurier ne soit ouvert.

— Pourquoi perds-tu la clef, aussi, espèce de serin ?

Accablé sous le reproche, l'espèce de serin ne répondit point.

Les interlocuteurs descendaient et je les aperçus : deux jeunes gens sur la face desquels s'étendait un voile de lassitude inexprimable et dont les cheveux un peu longs figuraient une broussaille pas très bien tenue.

Je suis l'obligeance même :

—Messieurs, m'inclinai-je, je vois ce dont il s'agit. Voulez-vous me permettre de vous offrir l'hospitalité jusqu'à la venue du grand jour?

Consentirent les jeunes gens.

Je les introduisis dans mon petit salon rose et vert pomme, orgueil de mon logis, et m'enquis s'ils souhaitaient se désaltérer.

Ils voulaient bien.

Je débouchai une bouteille de cette excellente bière de Nuremberg que les barons de Tucher se font une allégresse de m'offrir, et nous causâmes.

Les jeunes hommes — je l'aurais gagé — se trouvaient être des artistes : un poète, un peintre.

Voici les termes du poète :

— Je suis du groupe *néo-agoniaque*, dont la séparation avec l'*école râleuse* fit tant de tapage l'hiver dernier.

— Mes souvenirs ne sont pas précis à cet égard, répondis-je courtoisement. Vous êtes nombreux, dans le groupe *néo-agoniaque?*

— Moi d'abord, puis un petit jeune homme de Bruges. Et encore le petit jeune homme de Bruges décrit maintenant une arabesque d'évolution qui le disside de moi, sensiblement.

— Alors, vous ne vous battrez pas dans votre groupe. Et, dites-moi — excusez ma crasse ignorance — quelles sont les doctrines du groupe *néo-agoniaque* dissident de l'*école râleuse?*

— Voici : il n'y a pas à se le dissimuler, notre

pauvre dix-neuvième siècle tire à sa fin. Il râle, il agonise. Sa littérature doit donc consister en un râle, un rauque râle à peine perceptible.

— Alors, vos vers ?

— Sont de rauques râles à peine perceptibles.

— C'est parfait ! Vous publiez où ?

— Nulle part ! Ma littérature se cabre à être traduite typographiquement par le brutal blanc et noir. Je ne publierai ma poésie qu'au jour où existera une revue composée, au moyen de caractères éculés, sur du papier mauve clair, avec de l'encre héliotrope pâle.

— Diable ! vous risquez d'attendre encore quelque temps !

— Toutes les heures viennent !

Une objection me vint que je ne sus point garder pour moi.

— Mais si la littérature d'une fin de siècle doit être gâteuse, agoniaque et râlante, alors, dans cinq ans, en 1901, vous devrez, dans les revues littéraires et les livres, pousser des vagissements inarticulés ?

Pour toute réponse, le *néo-agoniaque* déboucha une deuxième bouteille de mon excellente bière de Nuremberg.

Ce fut au tour du peintre :

— Moi, je fais de la peinture *furtivo-momentiste*.

— De la peinture ?...

— *Furtivo-momentiste*... j'évoque sur la toile la furtive impression du moment qui passe.

— Ça doit être intéressant, cette machine-là.

— Pas le moins du monde ! Le moment qui passe passe si vite, qu'il est tout de suite tombé dans le gouffre du passé.

— Peignez l'avenir, alors.

— Pas plus intéressant ! L'avenir est séparé du présent par rien du tout, puisque le mot que je vais dire est déjà dit.

— Comme l'a chanté ce vieux Boileau, notre maître à tous :

>Le moment où je parle est déjà loin de nous.

Cet alexandrin de Boileau jeta comme un froid, duquel profita une troisième bouteille de mon excellente bière de Nuremberg pour se faire déboucher par le *furtivo-momentiste*.

Cependant, la grande ville s'éveillait. On entendait s'ouvrir, claquant fort, la devanture des fruitiers, et déjà les actifs serruriers s'apprêtaient à leur tâche du jour.

Le *néo-agoniaque* en ramena bientôt un, et sur la gracieuse invitation de ces messieurs, je pénétrai dans leur domicile, non sans m'être loti de trois autres bouteilles de mon excellente bière de Nuremberg. (Il est des matins où l'homme le plus sobre assécherait des citernes.)

Dans le logis de ces messieurs, le confortable était remplacé par une poussière copieuse et probablement invétérée.

Des hardes, d'un ton plutôt pisseux, gisaient sur les meubles les moins faits pour les recueillir.

Sur une table, traînait tout ce qu'il faut pour ne pas écrire.

Dans un autre coin, se trouvait assemblé l'attirail nécessaire pour ne pas peindre ; de vieilles toiles informément ébauchées, des palettes dont la sécheresse semblait dater de la Renaissance, des brosses qu'on aurait juré sorties de chez Dusser, des tubes d'où s'étaient évadés, sans espoir de retour, les riches cobalts et les lumineux cadmiums...

— C'est là votre atelier ? fis-je au peintre.

— Mon atelier ? Quel atelier ?

— Eh bien, là où vous travaillez, parbleu !

— Là où je travaille, moi ? Mais est-ce que je travaille, moi ? Est-ce qu'un sincère *furtivo-momentiste* peut travailler ?... Dans le temps, oui, j'ai travaillé... Le matin, je me mettais à peindre une bonne femme... j'allais déjeuner... je revenais... Eh bien, ça n'y était plus... En une heure, devenu vieux jeu, ridicule, périmé ! Alors, j'ai renoncé à peindre.

Et pour marquer son inexprimable lassitude, le *furtivo-momentiste* déboucha la cinquième bouteille de mon excellente bière de Nuremberg. (J'ai oublié de faire mention de la quatrième : je serai reconnaissant au lecteur de me pardonner ce petit oubli.)

Sur la cheminée de ces messieurs s'étalait la photographie d'un jeune homme chevelu portant cette dédicace : « *A Loys Job' Har.* »

— Loys Job' Har, c'est moi, fit le poète.

— Tous mes compliments ! C'est un fort joli nom. Vous êtes d'origine chaldéenne, sans doute ?

— Pas du tout... La vérité m'oblige à vous avouer que mon vrai nom est Louis Jobard. J'ai cru pouvoir prendre sur moi de l'esthétiser légèrement.

— Vos aïeux ont dû tressaillir en leur sépulcre.

— Qu'ils tressaillent à leur aise ! Quand ils auront bien tressailli, ils ne tressailleront plus.

A mon tour, je me nommai.

Une très visible moue vint aux lèvres de Job' Har.

— Votre nom ne m'est point ignoré ; mais je n'ai rien lu de vous... Cependant, dans les crèmeries où nous passions, j'ai parfois entendu des gens de basse culture intellectuelle qui s'éjouissaient de vos facéties.

Je n'eus l'air de rien, mais je me sentis abominablement vexé.

Et sur les six bouteilles de mon excellente bière de Nuremberg, j'en regrettai quatre, sincèrement.

SIMPLE CROQUIS D'APRÈS NATURE

Je viens du Havre par le train qui arrive à 11 h. 5.

J'ai donné, par dépêche, un rendez-vous à un de mes amis au café Terminus. Nous devons déjeuner ensemble et je l'attends.

Il n'arrive pas vite. Peut-être s'imagine-t-il, cet idiot, que je n'ai d'autre mission en la vie que l'attendre.

— Garçon, de quoi écrire ! commandé-je pour tuer le temps.

Je vais écrire.

Je vais écrire quoi ? N'importe quoi ?

Ça n'a aucune importance que j'écrive une chose ou une autre, puisque c'est uniquement pour tuer le temps.

(Comme si, pauvre niais que je suis, ce n'était pas le temps qui nous tuait.)

Alors, je vais écrire ce qui vient de se passer à la table voisine de celle que j'occupe.

Trois personnes, débarquant sans doute d'un train de banlieue quelconque, sont entrées : une dame, un monsieur, un petite fille.

La dame : une trentaine d'années, plutôt jolie, mais l'air un peu grue et surtout très dinde.

Le monsieur : dans les mêmes âges, très chic, une physionomie à n'avoir pas inventé la mélinite, mais d'aspect très brave homme.

La gosse : en grand deuil, tout un petit poème. Pas plus de cinq ou six ans. On ne sait pas si elle est jolie. Elle semble être déjà une petite femme qui connaît la vie et qui *en a vu bien d'autres*. Sa bouche se pince en un arc morose et las. Dans ses grands yeux secs très intelligents passent des lueurs de révolte. Une pauvre petite sûrement pas heureuse !

Le monsieur et la dame ont demandé chacun un porto.

— Et moi? dit la gosse. Alors, je vais sucer mon pouce?

— Tu veux boire? dit la maman.

— Tiens, c'te blague! Pourquoi que je boirais pas? Tu bois bien, toi.

Le monsieur intervient.

— Que désirez-vous boire, ma petite fille?

— Moi, je veux boire un verre de *gronfignan*.

— Un verre de?...

— Du *gronfignan*... Tu sais bien, maman, du *gronfignan* comme il y a chez grand'mère.

— Ah! du frontignan!

— Oui, du *gronfignan*, avec deux biscuits.

— Des biscuits, petite gourmande?

— Mais oui, pardi, des biscuits! Je suis pas gourmande parce que je demande des biscuits. J'ai faim, v'là tout! Avec ça, des fois, que t'as pas faim, toi! Et tout le monde aussi, des fois, a faim. D'abord, chaque fois que je vais en chemin de fer, moi, j'ai faim.

Le *gronfignan* et les biscuits sont apportés.

— Fais donc attention, Blanche, tu manges comme un petit cochon!

— Comment, je mange comme un petit cochon!

— Bien sûr, tu mets du vin sur ta robe.

— Alors, les petits cochons, ça met du vin sur sa robe?

Et les yeux de la petite semblent hausser les épaules.

La mère s'impatiente visiblement.

— Et puis, quand tu auras fini d'essuyer la table avec tes manches.

— Avec quoi donc que tu veux que je l'essuie, la table? Avec mon chapeau à plumes qu'est dans ton armoire?

— Oh! cette petite fille est d'un mal élevé! Si tu

continues, je te mettrai dans une maison de correction !

— Pas dans celle où qu'on t'a mise, toi, hein ! Parce que ça ne t'a pas beaucoup profité, c'te correction-là, à toi.

Le monsieur ne peut s'empêcher de beaucoup rire.

— Ne riez pas, je vous prie, mon cher, dit la dame vexée... Ah ! ces enfants ! Plus on est gentil avec eux, plus ils sont ingrats.

La petite fille devient dure.

— Gentils avec eux, tu dis?... T'as la prétention d'être gentille avec moi, toi ? Alors, pourquoi tu m'as laissée à la pension pendant Noël et pendant le jour de l'An ?

— Parce que j'avais autre chose à faire.

— Autre chose à faire ? Je sais bien, moi, ce que t'avais à faire... T'avais à faire de boulotter des dindes truffées avec des types !

— Avec des... quoi ?

Car toute l'indignation de la mère est déclanchée par le mot : *types*.

— Avec des quoi ?

Et la petite regarde sa mère bien dans les yeux et répète :

— Avec des types, je dis !

V'lan ! Une gifle !

L'enfant n'a pas bronché, seulement sa petite bouche s'est pincée plus fort, et ses grands yeux sont devenus troubles de mauvaises pensées et de haine.

Le pauvre monsieur n'ose pas intervenir, mais il est très évidemment peiné de cette scène.

Après un silence :

— Tout de même, dit la petite, en jetant à sa mère un regard de défi, tu ne faisais pas tant la maline avec moi, du temps de mon autre papa, de mon vrai !

Le monsieur se lève et, s'excusant brièvement, sort.

Bientôt il revient avec une grande boîte, probablement acquise au bazar de la rue d'Amsterdam.

— Tenez, ma petite fille, voilà pour vous!

— Pour moi!

— Mais, oui, pour vous ! Regardez, c'est une cuisine avec *tout ce qu'il faut*.

La petite ouvre la boîte et se pétrifie d'admiration.

Et puis, tout d'un coup, sa figure de révolte se détend. De grosses larmes emplissent ses yeux.

A ce moment, elle devient follement jolie.

Elle tombe dans les bras du monsieur, l'embrasse et sanglote, rageant de ne pas trouver des mots assez câlins pour lui dire toute sa reconnaissance :

— Merci, monsieur ! Merci, mon cher bon monsieur ! Merci, mon cher bon petit monsieur chéri !

Et, Dieu me pardonne, le *cher bon petit monsieur chéri* a aussi des larmes dans les yeux.

Mais la mère, trouvant cette histoire extraordinairement ridicule, frappe la table avec la pomme d'or de son parapluie pour que le garçon vienne, qu'on paye et qu'on file.

C'est égal, il y a des femmes qui sont rudement chameau !

MALDONNE

— Quant à moi, ajoutai-je, il y a bien longtemps, bien longtemps que je n'ai passé le premier de l'An à Paris.

— Vous regrettez de vous y trouver, cette année?

Un regard — mais quel regard! — fut ma réponse.

— Où étiez-vous l'année dernière?

— A Cannes.

— Et l'autre année dernière!

— L'autre année dernière!... j'étais à Anvers.

— A Anvers!... Que faisiez-vous donc à Anvers?

— Ah! voilà! je ne saurais pas vous narrer cette histoire à la fois comique follement et sinistrement ridicule... D'ailleurs, à proprement parler, ce n'est pas à Anvers que j'ai passé le premier de l'An, mais à Bruxelles. Seulement, j'étais parti de Paris à destination d'Anvers; je vous raconterai ça un de ces jours.

Ne faisons point poser davantage ma sympathique

interlocutrice et disons-lui tout de suite ma pénible mésaventure.

C'était le 30 décembre 1892.

Il pouvait être dix heures.

Je procédais aux premiers détails de ma toilette, quand un coup de sonnette déchira l'air de mon vestibule.

Ma femme de chambre était profondément endormie.

Mon groom, complètement ivre, ronflait dans les bras de la cuisinière, très prise de boisson elle-même.

Quant à mon cocher et mon valet de pied, j'avais perdu l'habitude de leur commander quoi que ce fût, tant ils recevaient grossièrement la plus pâle de mes suppliques.

Je me décidai donc à ouvrir ma porte de mes propres mains.

Le sonneur était un monsieur dont le rôle épisodique en cette histoire est trop mince pour que je m'étale longuement sur la description de son aspect physique et de sa valeur morale.

Du reste, je l'ai si peu aperçu, que si j'écrivais seulement quatre mots sur lui, ce seraient autant de mensonges.

— Monsieur Alphonse A...? fit-il.

— C'est moi, monsieur.

— Eh bien! voilà, je suis chargé par Madame Charlotte de vous remettre une lettre...

— Madame Charlotte? m'inquiétai-je.

— Oui, monsieur, Madame Charlotte, une ancienne petite amie à vous, de laquelle ma femme et moi sommes les voisins. Cette dame, ignorant votre adresse actuelle, m'a prié de vous retrouver coûte que coûte et de vous remettre cette missive.

Je pris la lettre, remerciai le monsieur et fermai ma porte.

Charlotte ! Etait-ce possible que Charlotte pensât encore à moi ! Oh ! cette Charlotte, comme je l'avais aimée ! Et — ne faisons pas notre malin — comme je l'aimais encore !

(Pas un de mot vrai dans cette passion, uniquement mise là pour dramatiser le récit.)

Charlotte ! Ce ne fut pas sans un gros battement de cœur que je reconnus son écriture, une anglaise terriblement cursive, virile, presque illisible, mais si distinguée !

« Mon chéri, disait-elle, mon toujours chéri, mon jamais oublié, je m'embête tellement dans ce sale cochon de pays que la plus mince diversion, fût-ce une visite de toi, me ferait plaisir. Viens donc enterrer cette niaise année 93 avec moi. Nous boirons à la santé de nos souvenirs ; j'ai comme un pressentiment qu'on ne s'embêtera pas.

» Celle qui n'arrêtera jamais d'être Ta

» CHARLOTTE.

» 158, rue de Pontoise, Anvers. »

— Anvers! me récriai-je. Qu'est-ce qu'elle peut bien fiche à Anvers, cette pauvre Charlotte? A la suite de quelles ténébreuses aventures s'est-elle exilée dans les Flandres?

Oui, mais faut-il qu'elle m'adore tout de même, pour n'hésiter point à me faire exécuter cette longue route, dans sa joie de me revoir!

Le lendemain, à midi quarante, je m'installais dans un excellent *boulotting-car* du train de Bruxelles.

A sept heures trente-neuf, je débarquais à Anvers, salué par l'unanime rugissement des fauves du Zoologique, sans doute avisés de ma venue par l'indiscrétion d'un garçon.

— Cocher, 158, rue de Pontoise!

Après un court silence, le cocher me pria de réitérer mon ordre :

— 158, rue de Pontoise.

Une mimique expressive m'avertit de l'ignorance où croupissait l'automédon anversois relativement à la rue de Pontoise. Et même il ajouta :

— Ça existe pas!

Ses collègues, consultés, branlèrent le chef d'un air qui ne me laissa aucun doute.

Un garde-ville (c'est leur façon de baptiser là-bas les gens de police), m'assura que la rue de Pontoise n'existait pas à Anvers, ou que, si elle existait, elle n'avait jamais porté ce nom-là, et alors, c'est comme si, pour moi, elle n'existait pas, savez-vous!

Moi, je m'entêtais ! Pourquoi la rue de Pontoise n'existerait-elle pas à Anvers ? Nous avons bien, à Paris, la place d'Anvers et la rue de Bruxelles.

Il fallut bientôt me rendre à la cruelle réalité, et je réintégrai le train de Bruxelles, métropole où je comptais, à ce moment, plus d'amis qu'à Anvers. (Mes relations anversoises se sont, depuis lors, singulièrement accrues.)

Pas plutôt débarqué à Bruxelles, voilà que je tombe sur les frères Lynen, les braves et charmants qui m'emmènent chez l'un d'eux, où nous dînâmes et soupâmes en tant bonne et cordiale compagnie, jusqu'au petit jour. Cette nuit demeure un de mes bons souvenirs.

Oui, mais Charlotte !

Charlotte, je la revis quelques mois plus tard, au vernissage du Champ-de-Mars.

Une Charlotte méprisante, hautaine, mauvaise et pas contente.

— Vous auriez pu m'écrire, au moins, mon cher.
— Mais pourquoi écrire, puisque je suis venu ?
— Vous êtes venu, vous ?
— Bien sûr, je suis venu, et personne ne connaissait la rue de Pontoise.
— Personne ne connaissait la rue de Pontoise ?
— Personne ! J'ai demandé à tous les cochers d'Anvers...
— A tous les cochers... d'où ?
— A tous les cochers d'Anvers.

Je n'avais pas fini de prononcer ces mots, que j'éprouvai une réelle frayeur.

Charlotte s'appuya contre une statue de Meunier et devint la proie d'un spasme.

Et ce ne fut que bien longtemps par la suite qu'elle put articuler :

— Alors, espèce de grand serin, tu es allé à Anvers, en Belgique ?

— Dame !

— Et moi qui t'attendais à Auvers, à Auvers-sur-Oise, à une heure de Paris !

Elle ajouta, narquoise :

— Tu as eu tort de ne pas venir, tu sais !... Tu ne te serais pas embêté une minute !

Si jamais je remplace mon vieux camarade Leygues à l'Instruction publique, j'insisterai pour que, dans les maisons d'éducation de jeunes filles, on leur apprenne à faire des *u* qui ne ressemblent pas à des *n*.

CONTRE NATURE

OU

LA MÉSAVENTURE DU DOCTEUR P...

— Bonjour, vieux !
— Bonjour, docteur !
Et comme nous étions pressés, nous ne nous arrêtâmes point même au plus furtif shake-hand et nous poursuivîmes notre route, le docteur vers la Bastille, moi dans la direction de la Madeleine.

Le monsieur avec qui j'étais avait manifesté un réel dégoût à l'aspect du docteur et je sentais qu'il mijotait en lui une terrible révélation.

— Vous connaissez cet individu ? fit-il au bout d'une minute de silence, longue comme un siècle ou deux.

— Qui ça ? Le docteur P...? je crois bien, que je le connais !

— Eh bien ! mon cher ami, je ne vous en fais pas mon compliment !

— Pourquoi donc ?

— Parce que cet individu est un rude salaud !

— Ah bah !

— Un rude salaud et, j'ajouterai, un cynique comme on n'en rencontre pas souvent !

Certes, le docteur P... n'est pas parfait. Il se bat pour la vie un peu avec les armes qui lui tombent sous la main (tout le monde n'hérite pas d'un arsenal tout fait), mais entre ça et être un rude salaud et un dégoûtant cynique, il s'interpose quelques nuances.

D'abord, il est à peu près docteur comme vous et moi. Il n'a même avec la plus élémentaire thérapeutique que des rapports extrêmement lointains.

On l'appelle *docteur*, comme on en appelle d'autres *commandant*, parce que certaines allures imposent certains titres, sans qu'on puisse jamais préciser pourquoi.

L'amusant de la situation, c'est que P... s'imagine parfois être un véritable morticole, et qu'il n'est pas rare de le surprendre gravement occupé à donner au pauvre monde des consultations gratuites, mais ne reposant sur aucun travail scientifique réellement sérieux.

Le docteur P... (conservons-lui ce titre qui ne fait de tort à personne) supplée à l'absence de quelques grandes vertus par mille petites qualités qui les remplacent très suffisamment, ma foi.

Un des grands reproches que je formulerais à son égard, si je m'en reconnaissais le droit, c'est de se livrer au culte d'une foule de jeunes femmes successives, rapidement successives.

. . . .

J'en étais là de mes réflexions sur le docteur P..., quand le monsieur qui l'avait traité de *rude salaud* crut devoir insister :

— Oh! oui, un rude salaud! Savez-vous ce qu'il a fait, l'autre soir, en pleine brasserie, devant une trentaine de personnes ?

— Oh! mon Dieu! vous me faites peur !

— Cet individu s'est levé, a serré la main de ses amis, s'excusant de les quitter si tôt, mais il avait, disait-il, rendez-vous chez lui avec un jeune garçon boucher.....

— Quelle blague !

— Pas du tout, mon cher, c'est très sérieux. Il donnait même des détails : *un jeune garçon boucher qui n'était pas dans une musette!* Et en disant ces mots, le docteur faisait le geste d'envoyer des baisers imaginaires, comme pour exprimer un idéal échappant à toute description. Voilà ce que c'est que votre docteur P...

Ai-je besoin de disculper mon vieux docteur ?

Cette accusation reposait sur les bases d'argile du simple malentendu.

D'un simple coup d'éventail, je renversai le fragile édifice.

Le docteur P..., qui fréquente beaucoup les artistes, a pris l'habitude de désigner les dames en général et particulièrement ses maîtresses en les affublant du nom du peintre qui les aurait représentées le plus volontiers.

Sa bonne amie a-t-elle une mine candide avec de grands yeux bleus, c'est un petit Greuze.

Sa bonne amie a-t-elle, etc., etc..., c'est autre chose.

(Cette nomenclature m'entraînerait un peu loin.)

Bref, chaque jour, on entend le docteur P... :

— J'ai fait connaissance, hier, d'un petit Fragonard épatant !

Ou bien :

— Je vais dîner ce soir avec un petit Forain tout ce qu'il y a de plus rigolo !

Ou bien :

— Vous ne m'avez pas vu ces jours-ci, parce que je suis en train de filer le parfait amour avec un petit Boticelli de derrière les fagots !

A nous qui le connaissons, ces déclarations ne nous étonnent plus.

Mais du monsieur qui entendit, un soir, en pleine brasserie, cette phrase cynique :

— Excusez-moi de vous lâcher si tôt, mais j'ai rendez-vous chez moi avec un petit Boucher qui n'est pas dans une musette !

La stupeur est parfaitement légitime.

Et le monde est si rosse, à Paris, et si prêt à propager les plus invraisemblables calomnies, que le docteur P..., à l'heure qu'il est, passe, aux yeux de bien des gens, pour un sale monsieur auquel on ne donne pas la main, et qui n'y couperait pas, en Angleterre.

UNE DROLE DE LETTRE

Cannes. Décembre 1893.

Un jeune garçon de mes amis, M. Gabriel de Lautrec, m'envoie une lettre de conception tourmentée et de forme — dirai-je? — incohérente.

L'idée m'est venue, un instant, de ne la publier point. Mais, au seul horizon de la remplacer par une vague littérature de mon cru, le sang ne m'a fait qu'un tour, un seul, et encore!

Il fait du soleil sur la promenade de la Croisette, comme s'il en pleuvait. La tournée Saint-Omer est dans nos murs, dans le but évident de jouer ce soir *le Sous-préfet de Château-Gandillot*, par notre sympathique camarade, le jeune et déjà célèbre auteur dramatique Ernest Buzard. Je ne voudrais pas manquer la *petite pièce* qui sert de lever de rideau. Alors, quoi? je n'ai qu'à me dépêcher.

La seule ressource me demeure donc d'insérer

dans nos colonnes la missive de ce Gabriel de Lautrec, qui ne sera jamais, décidément, sérieux :

« Mon cher Allais,

» Je couvre mes yeux de ma main, un instant ; je rejette en arrière, d'un mouvement convulsif, mes cheveux où mes doigts amaigris mettent un désordre voulu ; je ranime la flamme jaune des bougies dans les chandeliers d'ébène, en cuir de Russie, qui sont le plus bel ornement de mon intérieur ; j'envoie un sourire voluptueux et morne à l'image de la seule aimée, et, après avoir disposé sur mes genoux, symétriquement, les plis du suaire à larmes d'argent qui me sert de robe de chambre, je vous écris — c'est à cette circonstance bien personnelle que la lettre qui va suivre emprunte son intérêt (avec l'intention formelle de ne jamais le lui rembourser).

» Si j'ai tardé à vous répondre, c'est que j'ai fait ces jours derniers un petit voyage, — en chemin de fer.

» En chemin de fer ! direz-vous — mon cher ami ! Oh oui ! je suis bien revenu de mes idées arriérées. Les chemins de fer ont leur avantage ; il faut faire quelques concessions à son siècle. La vie est faite de concessions — à perpétuité.

» Lorsque votre lettre m'est parvenue, je relisais les épreuves de mon volume sur *l'Adaptation des Caves glacières à la conservation des hypo-*

thèques pendant les chaleurs de l'été ; j'ai suspendu aussitôt tout travail, ai-je besoin de le dire? et tout en regrettant de la recevoir si tard, je l'ai lue attentivement.

» Votre idée de la montre-revolver est très séduisante, à première vue. Elle est, en outre, pratique, ce qui ne gâte rien. Le mécanisme, tel que vous me le décrivez, avec trois dessins à l'appui (les dessins, entre parenthèses, sont assez mal faits), cette double détente de la montre et du revolver, ingénieusement reliée par l'ancre d'échappement, tout cela est merveilleusement trouvé.

» Tout le jour, vous portez votre montre dans la poche de votre gilet. Vous la regardez, vous savez l'heure, c'est très commode.

» Le soir venu, quelqu'un vous attaque, sous le prétexte fallacieux de demander l'heure, précisément. Vous exhibez votre montre, vous tirez dix ou douze coups, et voilà des enfants orphelins (ou du moins dangereusement blessé, le père).

» Et cependant, à voir l'objet, c'est une simple montre, comme vous et moi.

» C'est merveilleux, voilà tout.

» Je sais bien qu'il y a un inconvénient.

» Toutes les fois que l'on tire un coup de revolver, la montre s'arrête.

» Je trouve cela très naturel.

» Il serait difficile qu'il en fût autrement.

» Vous avouez, d'ailleurs, cet inconvénient au

lieu d'en chercher le remède, et combien vous avez raison !

» Car un inconvénient auquel on remédie n'en est plus un.

» Est-il nécessaire, d'ailleurs, d'y remédier ?

» Pour ma part, je vois là, tout au contraire, un grand avantage.

» Je pense que si l'on pouvait faire adopter votre modèle de montre-revolver par les assassins, au moyen d'une remise de la force de plusieurs chevaux, ce serait d'une sérieuse utilité pour les constatations judiciaires.

» On serait immédiatement fixé, rien qu'en regardant l'instrument du crime, sur l'heure précise de la mort.

» L'expression usuelle : l'*Heure de la Mort* cesserait dès lors d'être une vaine métaphore, pour devenir une palpable réalité.

» Or, je vous le demande : toutes les fois qu'on a l'occasion de réaliser une métaphore, doit-on hésiter un seul instant ?

» ..... Au moment de terminer ma lettre, un remords vient me visiter. Je lui offre un siège et des cigares, courtoisement.

» Ce que je vous ai dit, en commençant, au sujet des chemins de fer, vous a peut-être fait croire que j'étais un partisan résolu de ce nouveau moyen de transport : il n'en est rien.

» Les désagréments qu'il présente sont nombreux.

» Pourquoi, par exemple, placer les gares, toujours, et exactement, sur la ligne du chemin de fer ?

» Le train s'arrête, vous descendez ; il y a cent contre un à parier que vous trouverez une gare devant vous.

» Et le pittoresque, et l'imprévu, qu'en fait-on ?

» Au point de vue du décor, ne vaudrait-il pas mieux disséminer les gares, loin du railway, dans la campagne, au hasard du paysage ? On les apercevrait de loin en passant, sur une montagne, à l'extrémité d'une vallée — le décor y gagnerait, et le voyage offrirait bien plus d'agrément.

» Sur ce, mon cher Allais, je vous quitte. Je vais allumer ma pipe à la pompe, comme disait l'autre, et la fumer à votre santé.

» Gabriel de Lautrec. »

Notez bien que je n'ai jamais parlé à Gabriel de la moindre idée de montre-revolver.

Ou bien, alors, étais-je gris, telle la feue Pologne, à moins que ce fût lui qui eût bu plus que de raison ?

Mais, cette jolie conception de semer les gares par le travers des horizons !

Vous croyez bonnement que les grandes Compagnies s'y arrêteront une minute !

Alors, je le vois bien, vous êtes comme les autres : vous ne connaissez pas les grandes Compagnies.

FRAGMENT D'ENTRETIEN

ENTRE MON JEUNE AMI PIERRE ET MOI

SUR LA PLAGE DE CABOURG

— Alors, comme ça, te v'là revenu ?

— Mais oui.

— T'as bien rigolé en route ? Les peaux-rouges t'ont pas scalpé ? Fais voir.

— Contemple. (*Je me découvre.*)

— Non, t'as encore tes douilles. A Washington, as-tu rencontré le petit O'Kelly ?

— D'abord, je ne suis pas allé à Washington, et puis, je ne connais pas le petit O'Kelly.

— C'est un gosse américain que j'ai joué avec, cet hiver, à Cannes.

— Et toi, mon vieux Pierre, que fais-tu de bon ? Travailles-tu un peu ?

— Travailler pendant les vacances ! Eh ben, mon

vieux, t'as pas la trouille ! surtout c't' année qu'il va me mettre au lycée.

— Qui ça, *il ?*

— Papa, donc.

— Tu me sembles bien irrévérencieux pour l'auteur présumé de ton existence.

— Tu trouves ? Pourquoi donc que je serais révérencieux avec un bonhomme à qui que j'ai jamais rien fait et qui me boucle dans un bahut comme si j'étais une sale fripouille ? Aussi, pour les devoirs de vacances qu'il m'a donnés à faire, il peut s' taper.

— Mais quand il s'apercevra que tu n'as rien fait...

— Il s'apercevra de rien. Maman et moi, nous lui montons le coup. Tous les samedis, il s'amène : — Pierre est convenable ? qu'il fait. — Mais oui, que maman répond. — Il fait bien ses devoirs ! — Mais oui. — Il sait bien ses leçons ! — Mais oui, mon ami.

— Elle a du toupet, ta maman !

— Ça, tu peux le dire ! Un vrai culot ! On le dirait pas, hein, avec son petit air ! Quand elle fiche des blagues comme ça à papa, j'ai envie de l'embrasser comme du pain... On dit que c'est vilain, le mensonge ; mais y a des fois où que c'est p'us chouette que la vérité, pas ?

— Je suis tout à fait de ton avis, et Ibsen aussi, dans le *Canard sauvage*.

— Ça doit être rigolo, c'te pièce-là. Est-ce que le canard dit des blagues ou la vérité ?

— Ce serait trop long à t'expliquer... Et, alors, tu t'amuses bien ?

— J'arrête pas ; et puis, tu sais, je fais de la bicyclette, maintenant.

— Tous mes compliments.

— Oui, même hier, j'ai fichu par terre un curé sur le sable : j'avais pourtant bien corné, mais il n'avait pas entendu.

— Qu'a-t-il dit, le digne ecclésiastique ?

— Le digne ecclésiastique ? Il n'a rien dit. Tout de suite, je suis descendu et j'y ai aidé à secouer le sable qu'y avait sur sa soutane. Je pouvais pas m'empêcher de rigoler, surtout quand il m'a demandé quelle machine que j'avais : « C'est une Clément, m'sieu le curé », que j'ai ai dit. Alors, il m'a répondu : « Votre Clément me fut inclémente. » Au fond, c'était idiot, mais comme je l'avais fichu par terre, j'ai fait mine de trouver son mot très rigolo.

— Et, en dehors du renversement des prêtres, à quel sport t'adonnes-tu ?

— Un peu de tout, tu sais. Sur une plage, on trouve toujours à s'occuper. Mais où j'ai été vraiment épaté, c'est ce matin.

— Conte-moi ta stupeur.

— Y a, depuis quelques jours, ici, une petite fille qui est tout ce qu'on peut rêver de plus épolilant. Jolie, mon vieux ! Avec des grands yeux clairs, et puis une toute petite bouche, et puis une peau, mon vieux ! une peau d'un blanc épatant. Et puis des cheveux pas tout à fait rouges, mais presque, et fins, fins, fins. Quand le soleil tape là-dessus, elle a l'air d'avoir une perruque en or. Et puis, avec ça, habillée comme les mômes angliches dans les albums de Kate Greenaway. Je la trouve si jolie, que j'ai toujours envie de l'apporter à maman pour qu'elle la mette sur son étagère.

— Et alors ?

— Alors, ce matin, elle était sur la plage très occupée à creuser un grand trou dans le sable. Tout d'un coup, v'là qu'elle s'aperçoit que je m'étais arrêté pour la regarder. V'là ses yeux bleus qui deviennent noirs de colère, sa peau blanche qui devient toute rouge, et puis elle s'écrie avec sa drôle de petite voix : *Qu'est-ce que t'as à me regarder comme ça, espèce de sale cocu !*

— Eh bien ! elle est dégourdie, ta petite Greenaway ! Que lui as-tu répondu ?

— Ma foi, mon vieux, j'ai été tellement baba, que j'ai trouvé rien à lui répondre. Les bras m'en tombaient du corps.

— Penses-tu qu'elle comprenait toute la gravité de ses propos ?

— Ah ouatt ! Elle est trop môme pour ça.

— Et toi ?

— Moi, si je sais ce que c'est que d'être cocu ? Ah ben ! ce serait malheureux, à mon âge, si je savais pas ça. Un cocu, c'est un type qu'est marié et que sa femme lui fait des blagues avec d'autres types.

— Précisément.

— C'est égal, je me suis dit : « Ma p'tite rouquine, c'est jamais moi qui t'épouserai quand tu seras en âge. » Parce que, vois-tu, mon vieux, quand on parle de ça si jeune, il est probable qu'on le fera pour de vrai, plus tard.

— Tu es philosophe, Pierre.

— Faut bien, dans la vie.

THÉRAPEUTIQUE DÉCORATIVE

ET PEINTURE SANITAIRE

J'ai raconté, dans le temps, — le souvenir n'en est-il pas encore tout frissonnant au cœur de tous ? — l'histoire de mon ami, ce peintre qui ne voulait pas boire du vin rouge en mangeant des œufs brouillés, parce que *ça lui faisait un sale ton dans l'estomac*.

Le même, mettant à la poste une grosse lettre suffisamment et polychromiquement affranchie, ajoutait un superflu timbre de quinze centimes *pour faire un rappel de bleu.*

Le brave garçon !

Je l'ai revu l'autre jour, j'ai dîné avec lui en compagnie d'une jolie petite bonne amie qu'il détient depuis quelques jours, une drôle de mignonne et menue femmelette qui l'adore.

J'ai pu constater qu'il est toujours dévoré par la folie du ton.

Et j'ai appris une histoire qui m'a amusé, telle une baleine.

Sa petite bonne amie, à la suite d'un chaud et froid, contracta naguère un fort rhume.

(Pourquoi le chaud et froid est-il si pernicieux, alors que le froid et chaud ne cause même pas à l'organisme des dégâts insignifiants ? Loufoquerie de la nature !)

— Ça ne sera rien que ça, dit le Dr Pelet (leur medecin). Badigeonnez-vous avec de la teinture d'iode. Tenez-vous bien au chaud. Prenez quelques pastilles X... (*case à louer*), et puis voilà !

Ce soir-là, mon ami et sa jeune compagne rentrèrent de bonne heure (minuit et demi), non sans avoir fait l'emplette d'une bouteille de teinture d'iode.

— Avec un pinceau ? demanda le pharmacien.

A la seule pensée d'acheter un pinceau chez un pharmacien, le peintre et son amie moururent de rire.

La délicieuse enfant se mit au lit et — pâle martyre — offrit sa jeune gorge aux affres du badigeonnage.

— Ah çà, c'est épatant ! s'écria l'artiste.

— Quoi donc ! s'informa la victime.

— Tu n'as pas idée ce que ça fait joli, cet iode brun sur ta peau rose ! C'est épatant ! Ce qu'on ferait une jolie étoffe avec ces deux tons-là !... Ça ne te fait rien qu'au lieu d'un badigeonnage amorphe, je représente un chrysanthème ?

— Mais, comment donc !

— Là... voilà !... La tige, maintenant.

— Oh ! la, la ! tu me chatouilles !

— C'est que j'emploie le petit bout du pinceau... C'est épatant !... Tiens, lève-toi et va te voir dans la glace.

La pauvre petite concubine se leva sans enthousiasme, mais heureuse tout de même de faire plaisir à son ami.

— Oh ! oui, c'est épatant !

— Tiens, je vais encore t'en faire un. Ne bouge pas, ne bouge donc pas !

— Mais tu me chatouilles, mon pauvre chéri !

— Il faut savoir souffrir pour l'art.

Et le voilà parti, perdant toute notion de l'actuel, à décorer la petite, comme Gérôme fait de ses statues.

Autour de ses bras et de ses jambes, il fit grimper des liserons, des clématites, des volubilis.

... Je donnerais volontiers plus de détails, mais voilà qu'il est cinq heures et j'ai promis d'être à six heures justes à un rendez-vous que je ne manquerais pas pour un boulet de canon.

Abrégeons.

La jeune badigeonnée passa ce qu'on appelle une mauvaise nuit.

Pas une partie de son corps qui ne fût la proie d'une intolérable cuisson !

— Je ne peux pas dormir ! gémissait-elle.

Et mon ami lui répondit :

— Oui, c'est bête ce que j'ai fait là !... Demain, au lieu de chrysanthèmes, je te peindrai des pavots !

. . . .

Quelques jours plus tard je le rencontrai.

Chargé d'une brassée de fleurs acquises au marché Saint-Pierre, il remontait chez lui, tout en haut de la rue Lepic.

— Et ça va toujours bien ? dis-je.

— Tout à fait bien. Et toi ?

— Triomphalement !

— C'est vrai. Tu as une mine superbe, avec un air de ne pas t'embêter autrement dans la vie.

— Pas lieu de m'embêter en ce moment. Si ça pouvait durer !... Et ta petite compagne ?

— Tout à fait mieux.

— Tu ne te livres plus à la peinture à l'iode sur son jeune corps ?

— Oh ! oui, c'est vrai !... Je ne pensais plus qu'elle t'avait raconté cette histoire... Eh bien ! mon vieux, c'est épatant, ce que c'est devenu ! La teinture d'iode s'est évaporée, mais les endroits où j'avais peint les fleurs sont restés d'un rose vif et chaud qui s'enlève si joliment sur le rose pâle de sa peau ! Tu n'as pas idée, mon garçon, de ce que c'est exquis ! Et d'un délicat ! Et d'un distingué ! Si Jansen voyait ça...

— Quel Jansen ?

— Le tapissier de la rue Royale, qui vend de si jolis meubles anglais. Si Jansen voyait ça, il en deviendrait fou et me commanderait, sur l'heure, une étoffe dans ces deux tons-là pour chambre de jeune fille... Tiens, viens la voir !

— Mais... sa pudeur ? fis-je avec le doux sourire du sceptique endurci.

— Sa pudeur ?

Et mon ami prononça ce mot *pudeur* sur un ton correspondant exactement à mes idées.

(Je n'insiste pas, dans la crainte de désobliger quelques bourgeois du Marais, à l'estime desquels j'ai la faiblesse de tenir.)

Son atelier se compose d'un ancien immense grenier, éclairé par un vitrage grand comme le Champ de Mars, et dans le coin duquel (grenier) s'aménage la chambre du jeune peintre et de sa petite amie.

— Comme ça sent le goudron, ici ! reniflai-je en entrant.

— Oh ! ne fais pas attention ! C'est Alice qui se sert pour sa toilette de l'eau de chez Bobœuf, très délicieuse mais qui sent un peu le goudron.

— Ah !

— Oui !

Un grand ennui venait de se peindre sur la

figure de mon ami. Évidemment, il regrettait de m'avoir amené. Mais pourquoi ce regret?

— Comment, bondis-je soudain, c'est de toi ce tableau?

Et je désignais une toile en train sur un chevalet.

— Mais oui, c'est de moi.

— De toi! cette peinture qui se passe dans la cave d'un nègre! De toi, que je connus affolé de lumière et de clarté! De toi, cette chose innomablement brune! De toi, à qui le seul mot *bitume* levait le cœur!

— Oui, mon pauvre ami, de moi! Un jour, peut-être, tu sauras et alors tu me serreras la main très fort et tu auras grand'peine à retenir tes larmes!... Mais assez causé de ce triste sujet, et viens voir l'adorable corps illustré de la jeune Alice.

. . . .

(Passage supprimé par la Censure.)

. . . .

— Mais, nom d'un chien! m'impatientai-je, me diras-tu d'où cette évolution brusque et en pis de ta manière?

— Soit!... Alors, jure-moi de n'en rien dire à âme qui vive!

— Mon ouïe est un sépulcre où tout s'engouffre et meurt!

— Tiens, un joli vers... Eh bien! voici : Tu as remarqué, en entrant, comme ça sentait le goudron?

— Délicieusement!... Et ce parfum m'évoque toute une enfance flâneuse, traînée sur les quais de mon vieux Honfleur natal et à jamais chéri.

— Eh bien! c'est ma peinture qui sent ça!

— Ta peinture!... Tu fais de la peinture au goudron?

— Parfaitement! Le *manager*... Comment prononces-tu ça en anglais?

— Le *ménédjeuhr*.

— C'est bien ça... Le... *machin* d'un hôtel de Menton, où il ne vient que des Anglais tuberculeux, m'a commandé douze panneaux décoratifs, à condition qu'ils seraient peints à base de goudron, rapport aux émanations bienfaisantes de ce produit... Une idée à lui!

— Et tu as accepté cet odieux compromis!

— Les temps sont durs, tu sais.

— A qui le dis-tu!

— Cette petite Alice, sans être coûteuse, a ses exigences. Ce matin encore, elle m'a demandé 12 fr. 50 pour des bottines.

— Bigre!

— Oh! ça n'est rien, ça! Mais reconnais toi-même que le goudron n'est pas beaucoup fait pour éclaircir une palette.

LES BEAUX-ARTS

DEVANT M. FRANCISQUE SARCEY

Je venais de sortir de mon domicile et je flânais, le bas de mon pantalon relevé et l'esprit ailleurs.

A la hauteur de la rue Fromentin, je fis rencontre d'un homme qui, très poliment, à mon aspect, leva son chapeau.

Cet homme, disons-le tout de suite pour ne pas éterniser un récit dénué d'intérêt, n'était autre qu'un nommé Benoît, le propre valet de chambre de M. Francisque Sarcey, l'esthète bien connu.

Avez-vous remarqué, astucieux lecteurs, et vous, lectrices qui la connaissez dans les coins, comme les méchantes idées vous arrivent avec la rapidité de l'éclair lancé d'une main sûre, alors que les bonnes semblent chevaucher des tortues, pour ne point dire des écrevisses?

L'idée que me suggéra la rencontre de Benoît

m'advint aussi vite que le coup de foudre professionnel le mieux entraîné.

Le miel aux lèvres, je serrai la main du valet et m'informai de la santé de *tout le monde*.

— Et où allez-vous comme ça? continuai-je.

— Je vais au *Petit Journal*, porter l'article de Monsieur.

— Tiens! Comme ça se trouve! Moi aussi, je vais au *Petit Journal*. Remettez-moi la chronique de M. Sarcey. Cela vous évitera une course.

L'homme obtempéra.

Et cette chronique du cénobite de la rue de Douai, croyez-vous bonnement que je l'ai portée à la maison Marinoni? Oh! que non pas!

J'ai voulu vous faire une bonne surprise, ô clientèle de mon journal, et, au risque d'être traîné devant la justice de mon pays, je livre à vos méditations la littérature prestigieuse de notre oncle à tous :

LA SCULPTURE

« On ne le dirait pas à me voir, cependant j'adore les Arts. Car j'estime qu'il en faut dans une société bien organisée; pas trop, bien entendu, mais il en faut.

» Chez moi, j'ai quelques tableaux, quelques dessins, mon buste, des statuettes. C'est gentil, ça meuble.

» Cette année, comme de juste, je n'ai pas manqué d'aller visiter le Salon du Champ de Mars et celui des Champs-Elysées.

» Eh bien! je ne regrette pas mon voyage ; j'ai appris bien des choses que j'ignorais et qui me serviront de sujets de chroniques.

» Car ce n'est pas le tout d'avoir des chroniques a faire, il faut encore trouver des sujets sur quoi les écrire. Le public ne se rend pas compte de ce que c'est dur, de livrer, comme moi, trente-quatre chroniques par semaine. Essayez, un jour, pour voir ; vous m'en direz des nouvelles.

» Pour en revenir aux Beaux-Arts, je vous dirai que la sculpture est ce qui m'émerveille le moins.

» Comme me le disait très justement un jeune peintre : « La sculpture, c'est bien plus facile que » la peinture, parce que les sculpteurs n'ont à se » préoccuper ni de la couleur, ni de la perspective, » ni des ombres. »

» On ne se doute pas comme c'est facile, la sculpture. Vous-même, moi-même, nous en ferions demain, si nous voulions.

» Il faut seulement de la patience. Savez-vous comment procèdent les sculpteurs pour faire une statue? Non, n'est-ce pas? Vous êtes comme j'étais hier ; mais on m'a expliqué et je vais vous indiquer le procédé.

» Supposons qu'il s'agisse d'une femme nue à reproduire.

» Le sculpteur fait venir chez lui une femme, un

modèle comme ils disent, dont les traits et la forme du corps répondent au sujet qu'il s'est proposé.

» La femme se déshabille complètement et se met dans la posture indiquée par l'artiste. C'est ce qu'on appelle la *pose*.

» De son côté, le sculpteur, sans s'occuper de toutes les bêtises que vous pourriez supposer avec une femme nue, se met à l'ouvrage.

» Il y a, près de lui, un énorme bloc de terre glaise, et il tâche de donner à ce bloc la forme exacte de la femme qu'il a sous les yeux.

» Il en enlève par-ci, il en rajoute par-là. Bref, il tripatouille sa terre glaise, jusqu'à résultat satisfaisant.

» Quand il a peur de se tromper, de faire une cuisse trop grosse, par exemple, ou un mollet trop maigre, il s'approche du modèle et mesure la partie en question avec un mètre flexible en étoffe, semblable à ceux dont se servent les tailleurs, et divisé en centimètres et en millimètres. S'il a fait la cuisse trop grosse, il enlève de la terre. S'il a fait le mollet trop maigre, il en rajoute, et voilà!

» Comme vous voyez, ce n'est pas un métier bien difficile.

» Si je n'avais pas tant à faire, je me mettrais à la sculpture. Je me sens une vocation toute spéciale pour la reproduction des nymphes couchées.

» Malheureusement, je suis myope comme un wagon de bestiaux quand je veux voir quelque chose, je suis forcé de mettre le nez dessus. Et, dame, quand on a le nez dessus, et qu'il s'agit d'une nymphe, la sculpture n'avance pas beaucoup, pendant ce temps-là!

» Quand la statue en terre glaise est finie, elle sert à fabriquer des moules, dans lesquels on verse du plâtre délayé avec de l'eau. En séchant, le plâtre durcit, et une fois dégagé du moule, il ressemble complètement à la statue de terre glaise. C'est extrêmement curieux!

» Quelques sculpteurs m'ont affirmé qu'on fait cuire la terre glaise. Provisoirement, je me méfie de ce renseignement, car il y a beaucoup de farceurs dans ces gens-là.

» L'un d'eux m'a même chanté, pour prouver son dire, une fantaisie de feu Charles Cros, dans laquelle se trouve ce couplet :

> Proclamons les princip's de l'Art!
>   Que personn' ne bouge!
> La terr' glais', c'est comm' le homard,
>   Quand c'est cuit, c'est rouge.

» En dehors de la terre glaise et du plâtre, les matières les plus employées par les sculpteurs sont le marbre et le bronze.

» Le bronze est plus foncé, c'est vrai, mais il est plus solide. Pour les déménagements, c'est une chose à considérer.

» La place me manque pour parler, comme il

conviendrait, de la peinture et des autres arts représentés dans les différents Salons.

» Ce sera, si vous voulez bien, le sujet de ma prochaine causerie.

» FRANCISQUE SARCEY. »

Mes lecteurs me sauront gré, je l'espère, de leur avoir fourni une lecture aussi substantielle et aussi délicate en même temps.

Quelle leçon pour les Geffroy, les Mirbeau, les Arsène Alexandre et d'autres dont ma plume se cabre à écrire les noms !

. . . .

Je vous avouerai que je n'étais pas sans quelque inquiétude au sujet du procédé plus que douteux dont je m'étais servi pour extorquer à M. Sarcey sa chronique sur la sculpture.

Je me trompais : notre oncle à tous fut le premier à rire de mon indélicatesse. Quand il était jeune, dit-il, il en faisait bien d'autres !

Le robuste vieillard ajouta :

— Avec tout ça, vos lecteurs ont eu mon opinion sur la *sculpture*, mais ils ignorent ce que je pense de la *peinture*. Croyez-vous que cela leur ferait plaisir d'être fixés sur ce point ?

— Pouvez-vous, maître, me poser une telle question ?

Le cénobite de la rue de Douai sourit, visiblement flatté. Il essuya ses lunettes d'un petit air malicieux et me remit les feuillets suivants :

LA PEINTURE

« Mon dernier article sur la sculpture m'a valu un nombre considérable de lettres, quelques-unes pour me traiter de vieux fourneau, mais la plupart pour me féliciter et me remercier des renseignements que je donne sur cet art si vraiment français.

» Beaucoup de mes lecteurs ignoraient le premier mot de la sculpture, et l'auraient peut-être ignoré jusqu'à leur trépas, si je n'étais pas venu leur révéler ces secrets si intéressants.

» Ah! c'est une de nos joies, à nous autres, chroniqueurs en vogue, de jeter la lumière dans les masses, comme le semeur jette le grain!

» Pour ma part, c'est effrayant ce que j'ai appris de choses aux gens, ce que j'ai ouvert d'horizons aux âmes bornées, ce que j'ai fait faire de progrès à la bourgeoisie française.

» Car, et je m'en fais gloire, c'est dans la bourgeoisie, de préférence dans la bourgeoisie aisée, que je recrute ma clientèle.

» Bien entendu, j'ai des lecteurs dans d'autres milieux : dans le professorat, dans la gendarmerie, par exemple, mais la plus grande partie appartient à la bourgeoisie aisée.

» Qu'est-ce que je disais, donc? Ah! oui, je disais que mon article sur la sculpture m'avait valu une avalanche de lettres : beaucoup me demandent de faire pour la peinture ce que j'ai fait pour la sculpture.

» Je me rends aux sollicitations de mes aimables correspondants, d'autant plus volontiers que telle était mon intention première.

» Je vous expliquais, dans ma dernière chronique, que la sculpture est un art facile et à la portée du premier imbécile venu : vous-même, moi-même.

» La peinture, c'est une autre paire de manches !

» Songez donc : il faut que l'artiste vous donne, avec cette chose plate qu'est un tableau, l'illusion, d'objets plus ou moins près, plus ou moins loin.

» L'illusion du lointain se donne grâce à la *perspective*.

» Vous n'êtes pas sans avoir remarqué qu'un objet paraît plus petit s'il est loin, que s'il est près ; et plus il est loin, plus il est petit. Cette illusion d'optique est due à ce qu'on appelle la *perspective*.

» Quand vous vous placez à l'entrée d'une rue droite et longue, pour peu que vous soyez observateur, vous remarquerez que les lignes, parallèles dans la réalité, semblent se rejoindre au bout de la rue. Eh bien ! c'est encore de la *perspective*.

» La *perspective* est une science très délicate qu'il n'est pas permis à un peintre d'ignorer, alors que le sculpteur n'a même pas à s'en préoccuper.

» Quand un peintre a un tableau à faire, paysage, portrait, scène historique ou mythologique, etc., etc., il commence par se procurer une toile *ad hoc*, c'està-dire une toile tendue très fortement sur un châssis en bois.

» Avant de placer les couleurs sur la toile, il détermine la place qu'elles devront occuper, grâce à des contours qu'il marque avec du *fusain* (lequel n'est autre qu'un petit morceau de bois carbonisé).

» C'est cette opération qu'on appelle le *dessin*.

» Quand le sujet est dessiné, il ne reste plus qu'à le peindre.

» Le peintre prend alors sa palette et ses pinceaux. (Ces messieurs ne disent pas des *pinceaux*, ils disent des *brosses* : je n'ai jamais su pourquoi. Fantaisie d'artiste, sans doute.)

» La palette est une planchette de bois arrondie et munie, à son extrémité, d'un trou pour passer le pouce. On y place, les unes à côté des autres, les différentes couleurs : bleu, jaune, brun, etc., etc.

» Il ne faut pas croire que toutes les nuances soient représentées sur cette palette. Ce serait impossible ; car s'il n'y a que sept couleurs, il existe des milliers de nuances intermédiaires.

» Ces nuances, l'artiste les obtient par un mélange habile d'une couleur avec une autre, et là n'est pas son moindre mérite.

» Une supposition, par exemple, qu'un peintre veuille représenter un paysage à la fin de l'été, au moment où les feuilles commencent à jaunir.

» Il n'emploiera pas, bien entendu, le vert qui lui aurait servi au fort de la saison.—Il y ajoutera du jaune, la quantité raisonnable, ni trop ni trop peu.

» Le métier de peintre exige beaucoup d'études préalables et, surtout, énormément de patience.

» Comme rapport, il a beaucoup perdu et ne vaut pas ce qu'il valait il y a dix ou quinze ans. La concurrence sans doute, ou un revirement dans le goût du public.

» Les deux grandes expositions de peinture sont le Salon des Champs-Elysées et celui du Champ de Mars.

» Celui des Champs-Elysées est très supérieur à l'autre, et, pour s'en convaincre, il n'y a qu'à consulter le chiffre des recettes.

» Car, quoi qu'en dise l'ami Bauër, en matière de beaux-arts, comme pour le théâtre, la recette, voilà le *criterium*.

» Vous ne me ferez jamais croire qu'une pièce qui fait trois ou quatre mille francs ne soit vingt fois supérieure à celle qui fait cinq ou six cents francs.

» Ça tombe sous le bon sens.

» FRANCISQUE SARCEY. »

Au nom de tous mes lecteurs, merci, robuste vieillard de la rue de Douai; et puis, pas adieu, au revoir !

A MONSIEUR ROUDIL

OFFICIER DE PAIX DES VOITURES

Certes, je hais la délation... (Je n'ai même pas approuvé le mouvement d'indignation, pourtant bien justifié, de madame Aubert, quand — dans *Pension de Famille*, la follement amusante pièce de notre vieux Donnay — cette personne annonce à M. Assand qu'il est cocu comme un prince.) Certes, dis-je, je hais la délation ; mais je ne puis m'empêcher de signaler à votre rude justice l'indigne conduite d'un de vos justiciables, le cocher qui mène le fiacre 6969.

C'était pas plus tard qu'hier soir. Il pouvait être dans les dix heures, dix heures et demie.

Je sortais d'un théâtre où je m'étais terriblement rasé, bien résolu à ne plus y remettre les pieds avant deux ou trois ans.

Sans plus tarder, nous nous rencontrâmes, pif à pif, une jeune femme et moi.

Moi, vous savez qui je suis. La jeune femme, vous l'ignorez (quoiqu'avec les femmes on n'ait jamais que des quasi-certitudes à cet égard). Aussi, permettez-moi de vous l'indiquer à grands traits.

Je la connus alors que, toute jeunette, elle jouait des petits rôles aux Bouffes-Parisiens, direction Ugalde.

A différentes reprises, elle consentit à m'accorder ses suprêmes faveurs. Brave petite !

Et d'une inconscience si exquise ! Laissez-moi à ce propos, mon cher Roudil, vous raconter un détail qui me revient en mémoire et qui n'a d'ailleurs aucun rapport, même lointain, avec ma réclamation ; mais la table n'est pas louée, n'est-ce pas ?

Un soir, elle me dit sur un petit ton d'indignation :

— Il y a vraiment des gens qui ne doutent de rien.

— Des gens qui se sont fait un front qui ne sait plus rougir !

— Parfaitement !

— Des gens qui ont bu toute honte !

— Parfaitement !... Imagine-toi que j'ai reçu, avant-hier, une lettre d'un bonhomme qui demeure dans l'avenue du Bois-de-Boulogne et qui me disait que, si je voulais aller le voir, il y avait 25 louis à ma disposition.

— Et qu'as-tu répondu à ce goujat ?

— Ma foi !... j'y suis allée... Tu sais... 25 louis !...

Revenons, mon cher Roudil, à nos moutons.

(Le mot *moutons* n'est pas pris ici dans le sens

que votre administration lui attribue d'ordinaire.)

La jeune femme en question — et cela continue à n'avoir aucun rapport à ma réclamation — quitta bientôt la carrière théâtrale pour épouser un vieux gentilhomme breton, le baron Kelkun de Kelkeparr, dont le manoir est sis non loin d'Audierne.

Arrivons au fait et passons rapidement sur les effusions.

— Prenons une voiture fermée, mon chéri.

— Pourquoi cela, puisque ton mari n'est pas à Paris?

— Oui, mais toutes les rues de Paris sont pleines de gens d'Audierne (*sic*).

Comme, ce soir-là, le temps était à la pluie, il ne passait sur le boulevard que des voitures découvertes.

Enfin, en voilà une fermée.

— Cocher !

— Voilà !

— A l'heure !... Place du Trône... Inutile de galoper, on n'est pas pressé.

Vous avez deviné, n'est-ce pas, vieux detective, que je n'avais rien à accomplir place du Trône, mais que je séligeais ladite destination pour ce qu'elle me procurait cette voie de discrétion sépulcrale — à l'heure qu'il était — le boulevard Voltaire?

Et nous voilà partis.

Gustave Flaubert, avec sa grande autorité et son immense talent, n'osa point insister sur ce qui se passa dans le fiacre de *Madame Bovary*.

Moi, je suis un type dans le genre de Flaubert, et vous n'en saurez point davantage.

Mais ce que vous ne devez pas ignorer, monsieur Roudil, c'est ce qui advint quand, revenus de la place du Trône et la jeune femme en allée, je réglai mon fiacre devant la caserne du Prince-Eugène, qu'on appelle maintenant caserne du Château-d'Eau, parce qu'elle se trouve place de la République.

Je remis ma pièce de cinq francs au cocher.

Ce dernier la contempla à la lueur de sa lanterne, s'assurant qu'elle n'était point de provenance moldo-valaque ou qu'elle n'arrivait pas de ces républiques hispano-américaines mal cotées, en ce moment, sur le marché des pièces de cent sous en argent.

Ayant constaté que mon dollar était un honnête Louis-Philippe, il le mit dans sa poche, disant goguenard :

— Ça fait le compte.
— Comment, ça fait le compte !
— Bien sûr que ça fait le compte !
— Comment cela ?
— Eh ben oui !... quarante sous de sapin...
— Et puis ?
— Et trois francs de chambre.

Alors, enveloppant sa maigre rosse d'un vigoureux coup de fouet, il piqua des deux et disparut à l'horizon.

Vous savez, mon cher Roudil, ce qui vous reste à faire.

NOTES SUR LA COTE D'AZUR

..... Au restaurant de la gare, où je dîne avant de prendre le train, à la table tout près de moi se trouve un petit ménage d'amoureux, fraîchement conjoint, sans doute, extrêmement réjouissant.

Surtout la petite femme, qui est drôle !

— Oh ! regarde donc ce brave homme ! La bonne tête qu'il a ! Parle-lui, il doit être rigolo.

Le brave homme ainsi désigné jouit effectivement d'une bonne tête. La face cramoisie avec, tout blancs, ses cheveux et ses favoris. Une tomate sur laquelle il aurait neigé, comme disait je ne sais plus qui à propos de je ne sais plus quel autre. Sur sa tête, une casquette qui porte ce mot : *Interprète*.

Docile, le jeune homme obéit à sa petite compagne :

— Hé, monsieur !

— Monsieur ?

— Vous êtes interprète ?

— Oui, monsieur.

— Est-ce que vous parlez français ?

— Oui, monsieur.

— Ah ! c'est bien regrettable, parce que, moi aussi, je parle français, de sorte que vous ne pourriez me rendre aucun service. C'est bien regrettable !

— Qu'est-ce que vous voulez, monsieur, ce sera pour une autre fois.

— Mais, que cela ne vous empêche pas de prendre un verre avec nous ; voulez-vous ?

— Avec plaisir, monsieur.

La petite femme semble heureuse comme tout de trinquer avec le vieil interprète rouge et blanc.

..... Le compartiment où je pénètre est occupé par trois messieurs, qui m'accueillent avec une évidente discourtoisie. *Complet*, s'écrient-ils, me désignant les places vacantes encombrées par des couvertures et autres menus objets.

Ces messieurs sont des Anglais inhospitaliers.

Délicatement, je prends les couvertures et autres menus objets de la place du coin, je les reporte à côté et m'installe le plus confortablement du monde.

Le train part.

Me voilà tout à la joie de m'en aller loin de ce boueux et brumeux Paris, vers le bon soleil, où je vais soigner ma petite neurasthénie et dorloter ma blême dégénérescence.

Je n'ai pas grandi d'une ligne dans la sympathie de mes Anglais. Ces messieurs ne se gênent vraiment pas assez. Décidément, ce ne sont pas de véritables gentlemen.

Et puis, je m'endors du pur sommeil de la brute avinée.

Quand je m'éveille, il fait petit jour, je jette un coup d'œil sur mes compagnons de route.

O délire ! Ces trois muffs sont des poitrinaires, tuberculeux au dernier degré !

Dès lors, ma liesse ne connaît plus de bornes.

A la hauteur d'Avignon, un radieux soleil inonde notre car, et j'éprouve un plaisir extrême à contempler la mine blafarde de mes insulaires pignoufs, leurs pommettes rouges, leurs yeux creux, leurs ongles qui s'incurvent et leurs oreilles qui se décollent.

D'Avignon à Marseille, mon voyage n'est qu'un Eden ambulant.

Ça leur apprendra à être polis.

..... Cet accès de sauvagerie anglophobeuse (épisodique, d'ailleurs) est de la bien petite bière auprès du mot que j'ai entendu ce matin à Menton.

Le capitaine Kermeur, de Saint-Malo, dont le bateau est au radoub à Marseille, a profité de ses deux ou trois jours libres pour faire un tour à Menton.

— Quel sale cochon de pays, hein ! fait Kermeur.

— Vous trouvez ? Moi, je ne suis pas de votre avis.

— Eh bien, moi, je suis du mien, d'avis. S'il me fallait vivre dans cet ignoble patelin de *mocos*, j'aimerais mieux me f..... à l'eau, tout de suite !

— Vous êtes sévère, Kermeur !

— Mais, enfin, vous n'allez pourtant pas comparer ce pays à la Bretagne ?

— Je ne compare jamais, Kermeur. Chaque contrée a son genre de beauté, voilà tout !

— Ah ! vous n'êtes pas dur, vous !

— Mais, dites-moi, Kermeur... Si ce pays vous dégoûte à ce point, que venez-vous donc y faire, alors que rien ne vous force à y venir ?

— Ce que je viens y faire ?

A ce moment, la physionomie de Kermeur revêt une expression double de joie excessive et de férocité peu commune :

— *Je viens voir crever des Anglais !*

Et, en disant ces mots, Kermeur a le rictus bien connu du tigre qui rigole comme une baleine.....

..... Toulon, vingt-trois minutes d'arrêt.

Une jeune femme, très gentille, ma foi ! qui n'a pas entendu, me demande :

— Pardon, monsieur, c'est bien Toulon, ici ?

Au lieu de lui répondre simplement : « Oui, madame », je ne puis résister à la tentation de faire un calembour idiot :

— Je ne sais pas exactement, madame, c'est Toulon... ou tout l'autre.

La dame hausse imperceptiblement les épaules, descend du wagon, se dirige vers la bibliothèque, et achète le *Parapluie de l'escouade*, un des livres les plus amusants qu'on ait publiés depuis ces dernières vingt années.

..... A Cannes, dans les allées de la Liberté, une petite fête foraine assez gaie.

Lu, sur l'une des baraques, cette annonce qui m'a beaucoup réjoui :

ATTRACTION FRANCO-RUSSE

RAT GÉANT
Le plus colossal du Globe
capturé
dans les égouts de la Caroline du Sud.

... Dans cette même cité de Cannes, à l'hôtel où je suis (*Hôtel des Colonies, complètement restauré et agrandi, lumière électrique, etc., etc.*) se trouvent des écriteaux portant cette indication :

Bains et voitures dans l'établissement.

On n'a pas idée de ce que c'est commode !

Vous prenez votre bain au bout du corridor et, pour peu que vous soyez fatigué, vous regagnez votre chambre en landau.

Ce matin, je promenais au bon soleil, sur la promenade de la Croisette, ma carcasse endolorie, quand j'aperçus, venant à moi, une jeune fille hongroise fort jolie, gentiment intellectuelle et d'un flirt ravigoteur.

Je l'appelle Hieratica Pittoresco parce que son véritable nom ressemble un peu à ces syllabes et que, dans le commencement, je ne m'en souvenais jamais (de son nom).

Hieratica me tendit sa petite main finement gantée, comme dans les romans de Georges Ohnet. (Avez-vous remarqué, dans les romans de Georges Ohnet, que les jeunes femmes tendent toujours aux messieurs leur petite main finement gantée?)

Puis elle me dit, avec un beau sourire clair comme le temps :

— Tiens, ça a l'air d'aller mieux, vous, ce matin, votre neurasthénie.

— Des êtres tels que moi, Hieratica, peuvent-ils jamais aller mieux? Mettons *moins pis* et n'en parlons plus.

— Si, si, je m'y connais, moi! Vous détenez le record de la désespérance pas tant que ces jours passés. Reçu un tendre mot de l'exclusive chérie, peut-être?

— Pas un mot, Hieratica, pas un geste.

— Alors, quoi?... J'ai pourtant vu, tout à l'heure,

danser dans votre œil une petite lueur — comment dirais-je bien?... — rigouillarde.

— Vous devenez, Hieratica, commune!

— Depuis que je vous hante, cher seigneur.

— Eh bien! Hieratica Pittoresco, je vais tout vous dire. Si l'heure qui sonne me voit moins déprimé, c'est que je viens de lire le *Figaro*.

— Ça n'est pas un traitement bien cher!

— Oui, mais il y a *Figaro* et *Figaro*. Le *Figaro* dont je parle recélait en ses flancs un article de Saint-Genest.

Et, véritablement, cet article de Saint-Genest est bien la chose la plus irrésistiblement comique que j'aie lue depuis longtemps.

.....Il m'arrive quelquefois de déjeuner ou de dîner à table d'hôte, et alors je ne m'embête pas une minute. Je ne puis pas croire autrement : on les a faits exprès pour moi, ces fantastiques bourgeois.

Dans quels insondables puits, dans quels terrifiants abîmes vont-ils pêcher tout ce qu'ils disent? O stupeur!

Actuellement, les deux grands sujets de conversation sont : la température. (*Il fait bon au soleil, mais le fond de l'air est froid.*) Et les anarchistes. (*Ces gens-là, je les étriperais avec plaisir jusqu'au dernier!*)

En dehors du thermomètre et de la dynamite, j'ai noté quelques bouts de conversation :

— Les fleurs sont bigrement chères, en ce moment.

— C'est toujours comme ça au moment des *fêtes*.

— J'ai pourtant trouvé un petit panier à 3 francs.

— 3 francs! Eh bien, vous ne vous ruinez pas, vous!

— Non, mais je dois dire qu'elles ne sont pas bien jolies. Bah! les gens croiront qu'elles se sont abimées en route... Et puis, dans un cadeau, qu'est-ce qu'on regarde? l'intention, n'est-ce pas?

Un autre de ces messieurs s'extasiait d'avoir été servi, dans un magasin où il achetait des bretelles, par une jeune Cannoise blonde comme les blés.

— Il y a des blonds partout, observe son voisin.

— Je ne dis pas, mais ça paraît étonnant de trouver une personne blonde dans ce pays où tous les habitants sont noirs *comme de véritables indigènes.*

Ensuite s'engage une discussion sur la coloration dermique des Méridionaux. Est-ce le soleil qui les brunit ainsi, ou bien s'ils ont ça *dans le sang?*

— Une supposition que vous transportiez un ménage de nègres dans le *pays des Albinos*, croyez-vous par exemple qu'ils feront des enfants blancs comme neige?

— Permettez, permettez...

Malgré mon énorme entraînement au flegme, ma seule ressource pour ne pas éclater de rire consiste à fixer éperdument les *Natures mortes* de la salle à manger, plus mortes qu'elles ne croient, les pauvres, et qui ont l'air de se passer dans une cave.

... J'aime mieux les conversations d'un gosse que je rencontre quelquefois avec sa jeune mère :

— Dis donc, maman, je viens de rencontrer madame Lambert.

— Ah!

— Oui, tu sais, elle a un nouveau bébé.

— De quel âge?

— Je ne sais pas trop, moi; mais il a l'air tout neuf.

Et puis un autre jour :

— Dis donc, maman, qu'est-ce que c'est que ça, des *Niçards ?*

— Ce sont les gens de Nice qu'on désigne quelquefois comme ça.

— Alors, les gens de Cannes, on devrait les appeler des *Canards*... Ce serait bien plus rigolo, pas, m'man?

... Envahi la principauté de Monaco, grimpé à la roulette de Monte-Carlo, gagné des monceaux d'or.

Pas quitté Monte-Carlo sans présenter nos bonnes amitiés au brave M. Steck, l'habile chef d'orchestre et organisateur de beaux concerts.

M. Steck nous reçoit le plus gracieusement du monde et nous offre une rasade de cet excellent rhum qui porte son nom. (Très réconfortant. Spécialement recommandé aux touristes épuisés, avec pas mal de pommes de terre autour.)

..... Chouette! Le *Petit Marseillais* avec une chronique de Sarcey!

La première phrase me plonge en des délices extrêmes :

Si j'avais un vœu à former pour mes lecteurs, au début de cette année, ce serait de garder l'intégrité de leur bon sens, du vieux bon sens français, et de ne pas se laisser envahir par les fantaisies des idées nouvelles.

Allons, me voilà heureux! On ne m'a pas changé mon vieux Sarcey.

..... Ce matin, la petite Hieratica Pittoresco a su m'arracher un pâle sourire :

— Alors, vous êtes revenu de tout?
— De tout, Hieratica.
— Vous avez banni de votre âme tout idéal?
— De mon âme tout idéal.
— Vous ne vous intéressez plus à rien, ni aux êtres, ni aux choses, ni aux idées?
— Je m'intéresse à *peau de balle!*
— Qu'est-ce que c'est que ça, *peau de balle ?*
— C'est un mot appartenant naguère au répertoire de l'armée et signifiant le néant. Ce terme passa bientôt dans le domaine civil, où il fit une rapide fortune.
— Et ça s'écrit comment?
— Comme ça se prononce.
— Mais encore ?

— Savez-vous écrire *peau*... de la peau ?
— Oui.
— Savez-vous écrire *balle*... une balle ?
— Oui.
— Alors, vous savez écrire *peau de balle*.
— Et j'en suis ravie... Si vous venez à claquer et qu'on me charge de votre épitaphe, dites-moi un peu ce que j'écrirai.
— Dites vous-même.
— Je mettrai :

> Il aimait... peau de ball', c'est ce qui l'a tué

Est-ce pas là la formule qui vous siérait ?
— Comme un gant.
Petite Hieratica ! Est-ce que je l'aimerais ?

..... Nous rencontrons souvent une dame d'une certaine maturité, mais qui a dû être pas mal quand nous étions sous l'Empire.

Elle est toujours flanquée d'un joli petit jeune homme, l'air artiste. Et comme elle semble l'aimer, son jeune ami !

— Qui est cette dame ? demandons-nous.
— Une ancienne chanteuse d'opéra, Polonaise je crois, qui épousa un millionnaire et le perdit peu de temps après. Il lui reste un semblant de voix. Elle chante encore quelquefois, et le petit l'accompagne...

— En *dos* mineur, insinua le délicat poète Alfred Mortier.

(*Dos* — je donne cette explication pour quelques abonnés de l'étranger — est l'abréviation de *dos vert*, qui est lui-même le synonyme d'un terme servant à désigner un poisson bien connu pour son proxénétisme, ou tout au moins ses détestables complaisances.)

..... A Nice, il y a un Mont-de-Piété sur les murs duquel est peinte, en grosses lettres, cette inscription :

Mont-de-Piété de Nice

On a bien fait de préciser ainsi : quelquefois, des gens auraient pu croire que c'était le Mont-de-Piété de Dunkerque.

(Qu'on n'aille pas conclure de cette remarque sur le clou niçois que j'aie coutume d'y fréquenter. Oh ! que le nenni ! Je connais ce monument comme vous pourriez le connaître, chère madame, car il est placé dans l'endroit le plus apparent de la cité.)

..... Mon ami, le Captain Cap, actuellement fixé à Antibes avec son yacht, continue sa campagne microbophile.

— Emasculons l'ennemi, dit-il.

Un pauvre monsieur tuberculeux avalait devant nous des troupeaux entiers de capsules de créosote.

Cap l'interpelle.

— Quel effet croyez-vous, monsieur, que ça leur fait, aux bacilles, votre créosote ?

— Dame, ça doit un peu les embêter.

— Les embêter ! Ah ouitche ? On voit que vous ne connaissez pas les microbes... Ça leur fait, tout simplement, hausser les épaules.

Le pauvre monsieur tuberculeux est tué du coup. Il lève au ciel ses yeux, tout à la tâche de se figurer nettement l'image d'un Syndicat de microbes haussant les épaules.

...Le même Cap a un mot exquis, je trouve, pour exprimer qu'on est, assez longtemps, resté dans le même bar, dans le même café, et que l'heure a sonné de se diriger vers d'autres tavernes.

Il dit :

— Changeons de mouillage.

Ce terme, emprunté au vocabulaire maritime, s'applique divinement au cas terrien qui nous occupe.

...Je ne puis m'empêcher de sourire en *repensant* au mot de cet imbécile de Paul Robert, la veille de mon départ :

— Alors, tu t'en vas dans le Midi ?

— Mais oui, mon vieux.

— Comptes-tu y faire de la photographie ?

— De la photographie !... Quelle drôle d'idée ! Pourquoi de la photographie ?

— Parce que, je te vais dire, c'est très difficile à réussir un cliché, là-bas.

— Pourquoi cela ?

—Parce que *le Midi bouge!*...

Allusion à un chant de guerre que composa Paul Arène en 70, à l'usage des mobiles de Sisteron :

> Une, deux !
> Le Midi bouge,
> Tout est rouge.
> Une, deux !
> Nous nous f... bien d'eux.

.... C'est ce même Paul Robert qui eut, avec le ténor Jean Périer, ce bout de dialogue :

— Quelle orchidée ?

— Une eurythmie.

Ce qui signifie :

— Quelle heure qu'il est ?

— Une heure et demie.

Ces messieurs détiennent-ils point le record de l'à-peu près ?

Comme c'est loin, tout ça !

... Le *New-York Herald*, qui possède un gros *office* à Nice, affiche plusieurs fois par jour, au coin du quai Masséna et de la place, un immense tableau avec les dernières dépêches de partout.

Ce matin, la première dépêche inscrite était la suivante :

New-York. — *A bill will be presented to Congress for protection of public and to prevent importation of deseases.*

Nous passions, moi (je me cite le premier, parce que la personne qui vient ensuite est une excellente fille qui ne se formalisera pas de si peu), moi, dis-je, et la maîtresse d'un de mes amis, une petite bonne femme, très gentille, mais qui n'a inventé aucun explosif.

— Qu'est-ce que ça veut dire?

— Comment, vous ne comprenez pas?

— Je ne sais pas l'américain, moi!

— Si vous voulez, je vous l'apprendrai, dès que vous aurez une minute.

— En attendant, expliquez-moi :

Ça veut dire : *Une loi va être présentée au Congrès pour la protection du public et pour interdire l'importation des décès.*

— L'importation des décès?

— Bien sûr, l'importation des décès! Ça vous étonne, ça?

— Dame! un peu... Je ne vois pas bien...

— Ça n'est pourtant pas très compliqué. La douane de New-York, si la loi est votée, empêchera les décès de pénétrer. Comme ça, personne ne claquera plus en Amérique.

— Ça, par exemple, c'est épatant! Et pourquoi qu'on n'en fait pas autant en France?

— Ah! voilà. Tant que nous aurons ce gouvernement-là, on ne pourra espérer aucune réforme. Imagine toi, ma pauvre petite, qu'il y a trois ans, monsieur Conrad de Witt, député de Pont-l'Evêque, a proposé un droit d'entrée de 3 francs par tonne sur les ouragans... La Chambre l'a repoussé.

— Tu crois que faudrait pas mieux un bon empereur, tout de même ?

— A qui le dis-tu !

..... A une devanture de libraire, j'ai aperçu *Rouge et Noir*, de Stendhal.

L'envie m'a pris de relire cet admirable livre et je l'ai acheté. Comme le libraire avait une bonne tête, je lui ai demandé :

— Vous n'auriez pas, du même auteur, *Pair et Impair* ou bien *Manque et Passe?*

Et le commerçant, avec un aplomb infernal, m'a répondu :

— Pas pour le moment, monsieur, mais si vous le désirez, je peux vous le faire venir.

Il en a une santé, celui-là ! comme dit le sympathique directeur d'un grand journal littéraire de Paris.

..... Anglomanie.

— Vous voyez ce monsieur, à cette table, avec ses deux filles?

— Je vois surtout tes deux jeunes filles.

— Eh bien! c'est un Américain qui est à la tête d'une dizaine de millions de dollars. A quatorze ans, ce bonhomme-là...

— N'achevez pas... A quatorze ans, il conduisait

des trains de bois sur l'Hudson. Tous les Américains qui sont arrivés à quelque chose ont débuté par conduire des trains de bois sur l'Hudson. Continuez.

— Rien d'étonnant, d'ailleurs, à ce que cet homme ait si merveilleusement réussi. Il avait au plus haut degré cette qualité... Malheureusement, nous n'avons pas en français de mot pour bien exprimer cette qualité si américaine.

— Comment dit-on en anglais ?

— On dit... *activity*.

..... Déjeuné au mess de MM. les officiers du bataillon de chasseurs alpins. Fait la connaissance du lieutenant Elie Coïdal, un charmant garçon qui va faire parler de lui avec sa nouvelle invention de la *bicyclette de montagne*.

Jusqu'à présent, les bicyclettes n'avaient guère rendu de services que sur les routes horizontales ou, tout au moins, de faible pente.

Mais pour ce qui est de l'alpinisme, il n'y avait rien de fait, comme dit Jules Simon.

L'idée n'est venue à personne, pas même au redoutable alpiniste Etienne Grosclaude, d'ascensionner le Mont-Blanc à l'aide d'un vélocipède.

Le lieutenant Elie Coïdal vient de combler cette lacune.

Sa *bicyclette de montagne* ressemble, à première

vue, à n'importe quelle bicyclette. Disons même qu'elle lui est sensiblement identique.

Elle n'en diffère que par un dispositif des plus subtils et dont l'idée fait grand honneur à son inventeur.

A l'extrémité de chaque roue — l'extrémité d'une roue! ça vous épate, ça, hein? — est fixé une manière de piton auquel peut s'accrocher une forte courroie de cuir.

Vient-il à s'agir de grimper un pic inaccessible, le touriste installe la courroie de cuir, se la passe autour du corps en bandoulière (de l'italien *in bandoliera* qui veut dire *en sautoir*).

L'ascension n'est plus, dès lors, pour un gaillard un peu résolu, qu'un jeu d'enfant.

La bicyclette en aluminium est, pour ce sport infiniment préférable à celle en platine écroui (densité, 23 et quelque chose).

..... Môme fin de siècle :
— Viens, Pierre, nous allons faire un tour.
— Où qu' nous allons, m'man?
— Sur la promenade des Anglais.
— Ah! zut! j'en ai soupé, moi, de la *balade aux Angliches!*

..... Etrange! Etrange!

J'ai demandé, ce matin, à un sergent de ville de Nice :

— Pardon, mon lieutenant (1), pour aller au Pont-Vieux, s'il vous plaît?

— Oh! mon Dieu, c'est bien simple, monsieur. Prenez le boulevard du Pont-Neuf que voici, et allez tout droit, vous arriverez au Pont-Vieux.

Prendre le boulevard du Pont-Neuf pour aller au Pont-Vieux, c'est la première fois que m'arrivait pareille aventure.

— Mais, me dis-je, peut-être que pour aller au Pont-Neuf il faut prendre le boulevard du Pont-Vieux.

Ça ne rata pas :

— Pardon, mon lieutenant, fis-je à un autre sergot, pour aller au Pont-Neuf, s'il vous plaît?

— Oh! mon Dieu, c'est bien simple, monsieur. Prenez le boulevard du Pont-Vieux que voici, et allez tout droit, vous arriverez au Pont-Neuf.

.....Puisque je parle de ces deux ponts, laissez-moi vous signaler l'unique au monde spectacle du Paillon, par un coup de soleil.

Des femmes sans nombre et myriachromes y lavent du linge et le font sécher.

Le Paillon est, d'ailleurs, une des rares rivières de France dont la principale occupation soit de sécher du linge.

(1) J'appelle toujours les sergents de ville de province *mon lieutenant*. Ça ne me coûte rien et ça leur fait tant plaisir!

..... Lu, dans un journal local, cette annonce troublante :

SAN-REMO

Hôtel X...

Grâce à une disposition ingénieuse, tous les appartements de l'hôtel X... sont exposés au Midi.

Je ne connais pas la *disposition ingénieuse* en question, mais je puis affirmer, de chic, que celui qui l'a imaginée n'est pas un type ordinaire.

..... Chacun procède au culte de la patrie comme il l'entend.

J'ai vu, tout à l'heure, un Américain qui, à la lecture d'une dépêche du *Gordon Bennett Herald*, relatant la pluie à New-York, a, tout de suite, relevé le bas de son pantalon, bien que le sol, à Nice, fût parfaitement sec, et radieux le soleil.

..... L'excellent Jacques Isnardon, qui détient, en ce moment, le record du succès au Casino Municipal, possède une nièce, un amour de petite nièce d'une demi-douzaine d'années, laquelle, née et élevée à Marseille, a un *assent* des plus comiques dans cette petite bouche.

Je la rencontre sur le trottoir à la porte d'un magasin.

Après lui avoir fait une grimace pour la faire rire — quand elle rit, ça lui met aux joues deux jolies petites fossettes — je lui demande :

— Que fais-tu ici, toute seule, jeune Emilie ?

La jeune Emilie me répond par un gazouillis qui ne me semble avoir rien de commun avec le langage humain.

Je réitère ma question. Emilie réitère sa tyrolienne.

A la fin, je réussis à noter les sons qu'elle émet :

— *Ja tann tann tann tô nine.*

Heureusement, sa tante, sa gracieuse tante sort du magasin et m'explique.

Emilie me disait tout simplement :

— J'attends tante Antonine.

Je ne m'en serais jamais douté.

Tiens, ça me fait penser que je déjeune, demain, chez Isnardon.

..... Le docteur australien nous en a raconté une bien bonne, ce matin, au déjeuner.

On parlait de la grande discussion qui passionne, en ce moment, certains milieux :

« Est-il indispensable que les médecins sachent le latin pour vous prescrire un gramme d'antipyrine ou pour vous couper la jambe ? »

— Cette discussion, dit le docteur, me rappelle le plus extraordinaire pharmacien que j'aie vu de ma vie. En voilà un qui n'avait pas fait son éducation à

Oxford ni à Cambridge, ni même à Cantorbery, comme Max Lebaudy! Il ignorait le latin, le grec et n'était pas bien reluisant sur l'orthographe anglaise... Ceci se passait dans une petite ville d'Australie de fondation récente. Notre homme... s'était établi *apothicary*, comme il se serait établi marchand de copeaux, tout simplement parce qu'il n'y avait pas d'*apothicary* dans le pays. Ses affaires prospérèrent assez bien, d'ailleurs. Au cours d'un voyage qu'il fit à Melbourne, le potard improvisé remarqua une magnifique pharmacie sur la devanture de laquelle était peinte cette devise latine : *Mens sana in corpore sano*, qui le frappa fort. A son retour, il n'eut rien de plus pressé que d'orner sa boutique de cette merveilleuse sentence qu'il élargit à sa manière, et bientôt les habitants de Moontown purent lire, à leur grand ébaubissement, cette phrase en lettres d'or :

MENS AND WOMENS

SANA IN CORPORE SANO

(*Mens and womens*, en dépit d'une légère faute d'orthographe, bien excusable aux antipodes, signifie *hommes et femmes*.)

..... Le même docteur, qui me fait l'effet d'être un joli pince-sans-rire, disait, en parlant de cet hôtel de San-Remo dont les appartements, grâce à une disposition ingénieuse, sont tous exposés au Midi :

— Moi, j'ai vu plus fort que ça.

Vous pensez si on tendit l'oreille.

— Oui, j'ai vu plus fort que ça. C'est une jeune fille russe, à Menton, qui avait le poumon droit attaqué. Dans ses promenades, elle s'arrangeait de façon à avoir toujours le côté droit au soleil.

— Pardon, docteur, interrompt un vieux monsieur, ça ne devait pas toujours être bien commode.

— Pourquoi cela, pas bien commode ? Est-ce qu'on ne peut pas toujours s'arranger pour avoir le soleil à sa droite où à sa gauche ?

— Je ne vous dis pas, mais... Enfin, une supposition : votre jeune fille russe sort de l'hôtel. Bon ! Elle va se promener dans une direction qui lui permet d'avoir le soleil à sa droite. Mais quand elle rentre à l'hôtel ?...

— Elle rentre par un autre chemin, pardi.

— Ah ! c'est juste.

Le plus comique, c'est que le vieux monsieur est parfaitement persuadé de l'exactitude du raisonnement, et même il a l'air de se dire :

— Faut-il que je sois bête pour ne pas avoir songé à cela !

..... Je crois que l'existence deviendrait plus aisément coulable et qu'on pourrait parfois, comme disent les Anglais, *take a smile with life*, si on s'attachait à lire toutes les choses exquises écrites sur les murailles des cités ou la paroi externe des magasins.

En débarquant à la gare d'Antbes, l'œil émerveillé du voyageur peut immédiatement contempler un avis au public, composé de lettres de 1 mètre de hauteur, ainsi conçu :

*Il est interdit de déposer
le long des remparts
aucuns matériaux autres que des décombres
en bon état.*

Pour une voirie soigneuse, la voirie d'Antibes est une voirie soigneuse.

Et cette enseigne, cueillie sur la boutique d'un petit épicier de Villefranche :

*Denrées coloniales
anglaises et du pays.*

..... Dialogue de table d'hôte.

— Et... vous comptez passer tout l'hiver à Nice ?

— Oh non, je ne crois pas. D'ailleurs, cela ne dépend pas de moi.

— Vous avez des *affaires* à Paris?

— Oh ! non, pas d'*affaires* à Paris.

— Je dis *à Paris*... ou ailleurs, bien entendu.

— Ni à Paris, ni ailleurs.

— Eh bien! alors, cela dépend de vous.

— Non, cela ne dépend pas de moi. Je resterai à

Nice, jusqu'à ce que j'ai rattrapé les 80 kilos que je pesais cet été... Encore trois livres et demie et ça y sera.

..... Haute philosophie de mon jeune ami Pierre.
— Pierre, as-tu fini tes devoirs?
— Je les ai seulement pas commencés.
— Veux-tu bien les faire tout de suite, petit malheureux!
— Dis donc, m'man, crois-tu que ça soit bien utile?
— Bien utile... quoi?
— De faire mes devoirs, parbleu?
— Quelle question ridicule! Allons, dépêche-toi!
— Parce que, je vais te dire, m'man, plus que je vieillis, plus que je trouve inutile de se fiche tant de coton!
— Tant de...?
— Tant de coton! tant de peine, quoi!... Ainsi, tous ces bonshommes épatants, qu'on voit dans les versions latines, qui faisaient des bouquins, qui gagnaient des batailles et tout le tremblement, à quoi que ça leur sert d'avoir fait tout ce turbin-là, maintenant qu'il y a trois mille ans qu'ils sont claqués?
— En voilà un raisonnement!
— Bien sûr que c'est un raisonnement! T'es ben gentille, ma pauvre p'tite mère, seulement... voilà, tu ne comprends pas ces machines-là.
— Merci, Pierre.

— Et moi, quand il y aura trois mille ans que je serai claqué...

— Veux-tu te taire! malheureux enfant!

— Tiens, te voilà encore! Est-ce que tu t'imagines, par exemple, que je serai vivant dans trois mille ans? Et toi aussi? Et papa aussi? Et Bébé aussi? Ah ben zut! alors, nous serions rien gaga!... Alors, quand il y aura trois mille ans que je serai claqué, à quoi que ça me servira de m'être rasé à faire des devoirs?... Tiens, veux-tu que je te dise? Si on était raisonnable, on passerait sa vie rien qu'à la rigolade.

..... A Toulon.

Des gendarmes entourent un wagon décoré de cette inscription : *ministère de l'intérieur*.

En descendent de jeunes messieurs, dénués de distinction et pas très luxueusement vêtus.

Je demande à un vieillard solennel et propret qui a l'air de se trouver tout à fait chez lui dans cette gare :

— Des forçats, sans doute, monsieur ?

— Pas précisément, me répond le vieillard solennel et propret, des relégués, tout simplement... Ces voyageurs sont de jeunes hommes que la police cueillit, une belle nuit, en des bouges de la périphérie parisienne et qui ne purent justifier d'autres moyens d'existence que l'argent à eux versé par leur concubine, argent provenant de la prostitution. Le gouvernement, en vertu d'une loi votée voilà tantôt trois ou quatre ans, procure à ces messieurs toutes facilités pour aller exercer leur coupable industrie par des latitudes diamétralement opposées à la nôtre.

— Alors, ce wagon est, comme qui dirait, un *alphonse-car*.

— Pas si fort, monsieur! Les mânes d'Alphonse Karr reposent tout près d'ici, à Saint-Raphaël, et pourraient vous entendre.

— Les morts n'entendent pas, vieillard solennel et propret!

..... A la Réserve :

— Et après le poisson, qu'est-ce que ces messieurs prendront?

— Moi, répond Narcisse Lebeau, je prendrai un beefteak sur le gril sans beurre.

— Sans beurre?

— Oui, sans beurre... et sans reproche!

..... Aux courses.

— Tiens, voilà Montaleuil!... Qu'est-ce qu'il a donc de vert à la boutonnière?

— Le Mérite agricole, parbleu!

— Le Mérite agricole à Montaleuil! Ah! celle-là est bonne!

— Mais pas du tout! dit Pierre Nicot. Au point de vue champêtre, Montaleuil est loin d'être le premier venu. C'est lui l'inventeur du procédé qui consiste à nourrir les lapins qu'on pose avec les carottes qu'on tire.

….. Devant le magasin d'un coiffeur à prétentions britanniques.

Dialogue entre une jeune niaise et celui qui écrit ces lignes :

LA JEUNE NIAISE : Qu'est-ce que ça veut dire *Hair dresser ?*

CELUI QUI ÉCRIT CES LIGNES : *Hair*, ça veut dire *cheveux*.

L. J. N. : Et *dresser ?*

C. Q. E. C. L. : *Dresser*, parbleu, ça veut dire *dresseur*.

L. J. N. : Et alors ?

C. Q. E. C. L. : Alors, le *hair dresser*, c'est un individu qui vous fait tellement mal en vous rasant que les cheveux vous en dressent sur la tête.

L. J. N. : Ah ?

C. Q. E. C. L. : Oui.

….. Le record de la distraction est certainement détenu par un monsieur qui prend ses repas dans une pension où je vais quelquefois.

Hier matin, j'arrive très en retard. Presque tout le monde finissait de déjeuner.

Je prends des sardines et, en songeant à autre chose, je les passe au susdit monsieur qui grignotait un dessert quelconque.

Le pauvre homme saisit la boîte et, docilement,

se sert une sardine qu'il mange d'un air de candeur inexprimable.

Tous les gens autour de nous ont ri comme des bossus. Le monsieur s'est aperçu de son étourderie et c'est grand dommage, car je me serais amusé à le faire *redéjeuner* totalement.

..... Fragment de conversation entre mon jeune ami Pierre et sa maman :

— T'es-tu bien promené, Pierre ?

— Oh ! oui, m'man ! j'ai assez rigolé !... Et puis, tu sais pas ce que j'ai vu ? Devine.

— Mais je ne peux pas deviner.

— Quelque chose d'épatant : une *nounou nègre !*

— Que vois-tu de si extraordinaire en cela ?

— Tu trouves pas ça épatant, toi ? Eh ben ! zut, t'es pas dure !... Tu sais pas l'effet que ça me fait à moi, une nounou nègre ?

— Dis un peu.

— Eh ben ! l'effet que ça me fait, c'est que le gosse doit téter du café au lait !

..... Maintenant que le gentleman en question vogue entre le Havre et New-York, je peux bien conter l'histoire.

Le gentleman en question est rédacteur important dans un *Chicago Tribune* quelconque.

On m'a présenté à lui comme étant Maurice Barrès. Joie débordante du Yankee.

J'ai subi une *interview* des plus corsées.

A la grande satisfaction de mes camarades, j'ai bourré mon homme de documents infiniment contestables et d'idées personnelles, semblant provenir de Ville-Evrard, au sujet de l'évolution littéraire et artistique de notre belle France.

Ce journaliste américain fut tellement ravi d'avoir fait la connaissance de Barrès qu'il nous invita tous, le soir même, au Helder, où nous avons fait un dîner, mes petites chéries, je ne vous dis que ça !

Je ne sais pas encore comment Barrès prendra la chose quand il recevra le journal d'Amérique.

….. Il faudrait le pinceau de Goya pour dépeindre le ravissement où me plongea la lisance des feuilles d'aujourd'hui.

L'abondance des matières nous force, à notre grand regret, à écourter les citations.

Au choix :

D'abord, dans l'*Eclair*, une chronique de Gerville-Réache qui débute par cette phrase définitive et lapidaire :

Il y a quatre aspects dans Victor Schœlcher.

Quatre, seulement ?

Êtes-vous bien sûr, Gerville, de n'en avoir pas oublié un petit ?

Dans le *Petit Niçois*, une circulaire du général Poilloüe de Saint-Mars, commandant du 12ᵉ corps, dans laquelle je relève une observation frappée au coin du bon sens :

Le pied du soldat est un organe d'une très grande importance (sic).

Votre remarque, mon général, est très juste.

C'est même grâce à cette considération que les conseils de revision hésitent rarement à réformer un cul-de-jatte.

Ah! je ne lis pas souvent les journaux, mais quand je les lis, je ne m'embête pas!

...... Quai des Phocéens, à côté du *New-Garden Bar*, il y a un grand marchand de liquides et de produits de toutes sortes, lequel se nomme Berlandina.

Le Captain Cap me donna une excellente idée, c'était d'aller proposer à cet industriel de lui composer une chanson-réclame dont le refrain serait :

        Berlandina, Berlandinette! (*bis*)

M. Berlandina demanda à réfléchir.

Sur notre assurance que cette chanson lui serait fournie à titre gracieux, il accepta immédiatement.

Seulement... dame! n'est-ce pas?... on ne peut pas faire une chanson... comme ça... *de chic*... Il faudrait quelques échantillons... pour nous donner des idées.

Et le soir, quand nous rentrons chez nous, Cap et moi, nous trouvons une admirable sélection des *best spirits of the wordl.*

Cap juge que M. Berlandina a bien fait les choses

et que nous sommes, d'ailleurs, des garçons d'infiniment de ressources.

..... Rencontré à Beaulieu deux matelots américains du *Chicago*, le croiseur qui est en rade de Villefranche.

Ces deux Yankees, ivres comme toute une escadre polonaise, se font des confidences probablement consternées, car ils pleurent, tels deux lugubres veaux.

— Qu'ont-ils bien pu boire, ces malheureux, pour être si tristes ?

Et Maurice Leblanc, duquel j'aurais attendu une toute autre réponse, suppose :

— Peut-être bien des *chopines Auër*.

(Car, détail peu connu, M. Auër ne s'est pas contenté d'inventer le bec qui porte son nom. Il imagina, en outre, les affligeantes chopines qui désolent notre époque.)

..... Toulon !

Depuis la joyeuse fête (il y a six semaines) de la *Batterie des hommes sans peur*, je m'étais bien promis de le revoir ce Toulon gai, tout pimpant avec ses mathurins au grand joli col bleu, au regard clair et brave. Je me suis tenu parole.

Arrivé le soir. On donnait *Sigurd* au Grand-Théâtre.

J'adore sacrifier au Grand Art, en général, et au père Reyer, en particulier.

Je me suis donc envoyé les deux premiers actes de *Sigurd*. Interprétation éminemment discutable.

Je signalerai, entre autres, les choristes-dames, qui gagneraient énormément, — les pauvres femmes ! — à avoir vingt-cinq ou trente ans de moins.

Les choristes-hommes ne perdraient pas, non plus, grand'chose à avoir l'air un peu moins paquet.

Pour ce qui est des deux sexes réunis, je ne verrais nul inconvénient à ce qu'ils chantassent juste et en mesure, ou même qu'ils ne chantassent pas du tout.

..... Au contrôle de ce théâtre de Toulon, on distribue, en guise de contremarques, des cartes à jouer, marquées d'un quelconque signe cabalistique.

Au premier entr'acte, je fus loti d'un neuf de pique.

Au second, m'échut en partage la dame de cœur.

Si, au lieu de jouer *Sigurd*, c'eût été au baccara, j'abattais, et, j'ose le dire, c'était bien mon tour.

..... Rentré à Paris.

Zut !

Ah ! elle est chouette, la Ville-Lumière !

Si je retournais là-bas !

FIN

TABLE DES MATIÈRES

Polytipie 1
Et Daudet ? . . . .
Antibureaucratie . . . .
Correspondance et correspondances 14
Le mystère de la Sainte-Trinité devant la jeunesse contemporaine 19
La vapeur 2
L'acide carbonique 31
The perfect drink 37
Conte de Noël 42
Début de M. Foc dans la presse quotidienne 47
Philologie 53
Fragment de lettre de M. Franc-Nohain 57
Un excellent homme distrait 61
Contrôle de l'État 65
Un honnête homme dans toute la force du mot 69
Des gens polis 73
Le Captain Cap devant l'état-civil d'un orang-outang . . 78
Véritable révolution dans la mousqueterie française . . . 82
Trois records 86

La vengeance de Magnum.	91
Le petit loup et le gros canard.	95
Une des beautés de l'administration française	99
La vraie maîtresse légitime.	103
Ohé ! ohé !.	108
Dressage.	112
Le clou de l'Exposition de 1900.	117
Commentaires inacrimonieux.	121
Essai sur mon ami George Auriol	125
Une industrie intéressante.	131
Larmes	136
Les végétaux baladeurs	140
L'auto-ballon.	144
Une pincée d'aventures récentes.	149
Une vraie poire	155
Un peu de mécanique.	160
Pauvre garçon ou la vie pas drôle	165
Hommage à un général français	170
L'antifiltre du Captain Cap.	174
Patriotisme économique (lettre à Paul Déroulède).	178
Proposition ingénieuse.	183
Six histoires dans le même cornet	187
Le ferrage des chevaux dans les pampas d'Australie.	191
A Monsieur Ousquémont-Hyatt, à Gand.	196
Les arbres qui ont peur des moutons	199
Phénomène naturel des plus curieux.	204
A bord de la *Touraine*.	207
Gosseries	216
L'oiseuse correspondance	219
L'interview fallacieuse.	225
Mauvais vernis	228
La question des ours blancs devant le Captain Cap.	232
Nouveau système de pédagogie.	238
Proposition d'un malin Polonais.	242

Un bien brave homme.	246
Une sale blague.	249
Artistes.	254
Simple croquis d'après nature	260
Maldonne.	266
Contre nature, ou la mésaventure du docteur P.	272
Une drôle de lettre.	277
Fragment d'entretien	282
Thérapeutique décorative et peinture sanitaire	287
Les beaux-arts devant M. Francisque Sarcey.	294
A Monsieur Roudil, officier de paix des voitures	304
Notes sur la Côte d'Azur.	308

ÉMILE COLIN — IMPRIMERIE DE LAGNY

Original en couleur

NF Z 43-120-8

www.ingramcontent.com/pod-product-compliance
Lightning Source LLC
Chambersburg PA
CBHW060319170426
43202CB00014B/2596